JN440193

출근길

서정문학대표시선 · 43

출근길

초판 1쇄 인쇄일 | 2018년 7월 13일
초판 1쇄 발행일 | 2018년 7월 20일

저　　자 | 유광열
펴 낸 이 | 차영미
편　　집 | 디자인그룹 여우비
펴 낸 곳 | 도서출판 서정문학

주　　소 | 서울시 강동구 성안로31다길 8(천호동), 101호
전　　화 | 02-720-3266　FAX | 02-6442-7202
홈페이지 | http://cafe.daum.net/seojungmunhak.com
이 메 일 | sjmh11@hanmail.net
등　　록 | 2008. 3. 10 제324-2014-000060호

ISBN 978-89-94807-67-6 03810
정가 10,000원

이 도서의 국립중앙도서관 출판예정도서목록(CIP)은 서지정보유통지원시스템 홈페이지(http://seoji.nl.go.kr)와 국가자료공동목록시스템(http://www.nl.go.kr/kolisnet)에서 이용하실 수 있습니다.(CIP제어번호: CIP2018020848)

서정문학대표시선 · 43

출근길

유광열 출근길 단상

시인의 말

시의 사제처럼
시에 갇혀
아침이면 습관처럼 내놓는 겉절이, 출근길.

숙성시키지도 않은 그 맛을
늘 찾아주시는 분들에게
무량으로 감사하다.

출근길을 책으로 엮는다는 거,
그냥 언저리에서만 빙빙
돌다 마는구나 했었는데……

용기 일으켜 준 친구, 안성환에게
고마운 마음 가득하다.

차 례

62	2018. 2. 27	2018. 2. 24
63	2018. 2. 23	
64	2018. 2. 22	
65	2018. 2. 20	2018. 2. 19
66	2018. 2. 14	2018. 2. 13
67	2018. 2. 12	2018. 2. 9
68	2018. 2. 8	2018. 2. 27
69	2018. 2. 5	2018. 2. 3
70	2018. 2. 2	2018. 2. 27
71	2018. 1. 29	2018. 1. 27
72	2018. 1. 30	2018. 1. 25
73	2018. 1. 24	2018. 1. 23
74	2018. 1. 22	2018. 1. 20
75	2018. 1. 19	
76	2018. 1. 18	2018. 1. 17
77	2018. 1. 15	2018. 1. 13
78	2018. 1. 12	
79	2018. 1. 11	2018. 1. 10
80	2018. 1. 9	2018. 1. 8
81	2018. 1. 6	2018. 1. 5
82	2018. 1. 4	
83	2018. 1. 3	2018. 1. 2
84	2018. 1. 1	2017. 12. 30
85	2017. 12. 29	2017. 12. 28
86	2017. 12. 27	
87	2017. 12. 26	2017. 12. 23

88	2017. 12. 22	2017. 12. 21
89	2017. 12. 20	2017. 12. 19
90	2017. 12. 18	2017. 12. 16
91	2017. 12. 15	
92	2017. 12. 14	
93	2017. 12. 13	2017. 12. 12
94	2017. 12. 11	2017. 12. 9
95	2017. 12. 8	2017. 12. 7
96	2017. 12. 6	2017. 12. 5
97	2017. 12. 4	
98	2017. 12. 2	2017. 12. 1
99	2017. 11. 30	2017. 11. 29
100	2017. 11. 28	2017. 11. 27
101	2017. 11. 25	2017. 11. 24
102	2017. 11. 23	2017. 11. 22
103	2017. 11. 21	2017. 11. 20
104	2017. 11. 18	2017. 11. 17
105	2017. 11. 16	2017. 11. 15
106	2017. 11. 14	2017. 11. 13
107	2017. 11. 11	2017. 11. 10
108	2017. 11. 9	
109	2017. 11. 8	
110	2017. 11. 7	2017. 11. 6.
111	2017. 11. 3	2017. 11. 2
112	2017. 11. 1	2017. 10. 31
113	2017. 10. 30	2017. 10. 28

114	2017. 10. 27	2017. 10. 26
115	2017. 10. 25	
116	2017. 10. 24	2017. 10. 23
117	2017. 10. 21	2017. 10. 20
118	2017. 10. 19	
119	2017. 10. 18	2017. 10. 17
120	2017. 10. 16	2017. 10. 14
121	2017. 10. 13	2017. 10. 12
122	2017. 10. 11	2017. 10. 10
123	2017. 10. 7	2017. 10. 2
124	2017. 9. 30	2017. 9. 29
125	2017. 9. 28	2017. 9. 27
126	2017. 9. 26	
127	2017. 9. 25	
128	2017. 9. 23	2017. 9. 22
129	2017. 9. 16	
130	2017. 9. 15	
131	2017. 9. 14	2017. 9. 13
132	2017. 9. 12	
133	2017. 9. 11	2017. 9. 9
134	2017. 9. 8	
135	2017. 9. 7	2017. 9. 6
136	2017. 9. 5	2017. 9. 4
137	2017. 9. 2	
138	2017. 9. 1	
139	2017. 8. 31	2017. 8. 30
140	2017. 8. 29	2017. 8. 28
141	2017. 8. 26	2017. 8. 25
142	2017. 8. 24	2017. 8. 22
143	2017. 8. 21	2017. 8. 19
144	2017. 8. 18	2017. 8. 17
145	2017. 8. 16	2017. 8. 14
146	2017. 8. 12	
147	2017. 8. 11	2017. 8. 10
148	2017. 8. 9	2017. 8. 8
149	2017. 8. 7	2017. 7. 29
150	2017. 7. 28	2017. 7. 27
151	2017. 7. 26	2017. 7. 25
152	2017. 7. 24	2017. 7. 22
153	2017. 7. 21	2017. 7. 20
154	2017. 7. 19	2017. 7. 18
155	2017. 7. 17	2017. 7. 15
156	2017. 7. 14	2017. 7. 13
157	2017. 7. 12	2017. 7. 11
158	2017. 7. 10	2017. 7. 8
159	2017. 7. 7	2017. 7. 6
160	2017. 7. 5	2017. 7. 4
161	2017. 7. 3	2017. 7. 1
162	2017. 6. 30	
163	2017. 6. 29	2017. 6. 28
164	2017. 6. 27	2017. 06. 26
165	2017. 6. 24	2017. 6. 23
166	2017. 6. 22	
167	2017. 6. 21	2017. 6. 20
168	2017. 6. 19	2017. 6. 17
169	2017. 6. 16	2017. 06. 15

170	2017. 6. 14	2017. 6. 13
171	2017. 6. 12	2017. 6. 10
172	2017. 6. 9	2017. 6. 8
173	2017. 6. 7	
174	2017. 6. 5	2017. 6. 3
175	2017. 6. 2	2017. 6. 1
176	2017. 5. 31	2017. 5. 30
177	2017. 5. 29	2017. 5. 27
178	2017. 5. 26	2017. 5. 25
179	2017. 5. 24	2017. 5. 23
180	2017. 5. 22	2017. 5. 20
181	2017. 5. 19	2017. 5. 18
182	2017. 5. 17	2017. 5. 16
183	2017. 5. 15	2017. 5. 13
184	2017. 5. 12	2017. 5. 11
185	2017. 5. 10	2017. 5. 8
186	2017. 5. 6	2017. 5. 4
187	2017. 5. 1	2017. 4. 29
188	2017. 4. 28	2017. 4. 26
189	2017. 4. 25	2017. 4. 24
190	2017. 4. 22	2017. 4. 21
191	2017. 4. 20	2017. 4. 19
192	2017. 4. 17	2017. 4. 15
193	2017. 4. 14	2017. 4. 12
194	2017. 4. 11	2017. 4. 10
195	2017. 4. 8	2017. 4. 7
196	2017. 4. 6	2017. 4. 5

197	2017. 4. 4	2017. 4. 3
198	2017. 4. 1	2017. 3. 31
199	2017. 3. 30	2017. 3. 29
200	2017. 3. 28	
201	2017. 3. 27	2017. 3. 25
202	2017. 3. 24	
203	2017. 3. 23	2017. 3. 22
204	2017. 3. 21	2017. 3. 20
205	2017. 3. 18	2017. 3. 17
206	2017. 3. 15	2017. 3. 14
207	2017. 3. 13	2017. 3. 11
208	2017. 3. 10	2017. 3. 9
209	2017. 3. 8	2017. 3. 7
210	2017. 3. 6	2017. 3. 4
211	2017. 3. 3	2017. 3. 2
212	2017. 2. 28	2017. 2. 27
213	2017. 2. 25	2017. 2. 24
214	2017. 2. 23	2017. 2. 22
215	2017. 2. 21	2017. 2. 20
216	2017. 2. 18	2017. 2. 16
217	2017. 2. 15	2017. 2. 14
218	2017. 2. 13	2017. 2. 11
219	2017. 2. 10	2017. 2. 9
220	2017. 2. 8	2017. 2. 3
221	2017. 1. 10	2017. 1. 9
222	2017. 1. 7	2017. 1. 6
223	2017. 1. 5	2017. 1. 4
224	2017. 1. 3	2017. 1. 2

2018. 6. 28

새벽녘,
2018 러시아 월드컵 축구.
세계 축구사에 길이길이 남을, 커다란
한 획을 그은 대한민국 축구팀.

비록 16강엔 오르지 못했지만,
조별리그 마지막 경기에서
전 대회 우승팀, 세계 최고의 팀, 독일을
2:0으로 꺾은 우리 선수들.
그들의 땀과 눈물의 결정체에 뭉클함
가실 줄 모르는 이 아침.
이미 치뤘던 스웨덴과 멕시코의 경기
결과를 놓고, 비난의 화살을 육탄방어로
막아내며 우리 축구사에 영원히 지지
않을 꽃, 두 송이를 피워낸 것이다
1호선 철길가,
아!
무궁화꽃도 때맞춰 활짝 웃어주는구나.

2018. 6. 27

상계역 나가는 길. 여고생 둘. 타려는 버스가 보이자
"왔다" 하고 냅다 정류장을 향해 뛰는데,
한 학생이 제대로 따라가질 못하고 처졌다.
치마폭을 너무 좁게 만들어 보폭을 넓게 할 수 없으니까,
펭귄 걸음으로 뛰고 있었던 거다.
버스에 먼저 도착한 학생이, 버스 바깥에서 그런다.
"아저씨 잠깐만요. 헉헉…"

2018. 6. 26

배고플 때 먹는 음식이 식도 타고 위장으로
내려가는 것처럼, 말라가던 중랑천에 오늘 아침,
비가 구불구불 흐르고 있다.
이쪽 폭과 저쪽 폭 사이에서 천 바닥의 높낮이로
하여금 생긴, 물이 흐르는 길과 그러지 못한 길의
차별적 물길을, 통일해주는 비가 흐르고 있는 거다.
하늘과 땅의 조화다. 출근객 실어나르는 1호선 전철엔
내리는 사람만큼 또 사람이 타고 있다.

2018. 6. 25

한 아가씨, 준비한 사과 반 개 핸드백에서 꺼내
'사각' 베어 물고, 가급적 씹는 소리 나지 않게
오물오물 1호선. 차창 밖 녹천역 부근 초안산.
엊그제 기저귀 차고 있는 것 같더니,
어느새 커서 저토록 멋진 여름 옷을 입고 있나!
꺼뭇꺼뭇 구레나룻도 보이네.

2018. 6. 23

지하청량리역에서 내려 바깥으로 올라가는 계단.
네댓 발 앞에서 묘령의 아가씨가 들었던 손가방으로
스커트 뒤를 가리고 오르고 있었다.
그러고 보니 스커트 길이가 짧았다.
순간!
괜한 오해를 받는 것 같은 불편한 기분이 들었다.
안 되겠다 싶어 뛰었다.
그 아가씨를 앞질러 올라와, 헉헉 숨을 몰아쉰
이런 아침도…

2018. 6. 22

한 20대 중반 남자가
조곤조곤 통화를 한다.
'분대장님' 이라고 부르는 것으로 보아,
군대 시절 선임인 모양이다.
며칠 전 예비군훈련 다녀온 얘기를 하고 있었다.
"군에 있을 땐 얼른 제대만 하면,
일 년에 한두 번 하는 예비군훈련쯤은,
누우서도 하겠다 그런 생각이었죠,
근데 막상 제대해서 훈련에 임하려니까,
그것도 큰일이더라고요."
그러면서 그런다.
"세상은 산 넘어 산이네요. 하하하…
분대장님, 서울 나오시면 연락하세요.
소주 한잔해야지요."
햇살에 차창 밖 신록이 점점
옹골져가는 아침.

2018. 6. 21

하지다.
나름, 넘고 오르고 내려가는 일을 쉼 없이 하는 해.
작년 동지 지난 후부터 쉬지 않고 달려온 저 해가,
오늘 드디어 최고봉에 올라왔다.
달도 차면 기우는 법,
저 해가 내일부턴 다시 내려가는 일을 하겠구나!.
오름의 끝 정상에 서서 잠시나마,
저리 환하게 웃는 차창 밖 오늘 저 해에게
마음의 박수 보낸다.

아 맞다!
이때쯤,
토실토실 감자 캐서 솥에 찌면
분가루 일렁이는 그 감자,
하지 감자!

2018. 6. 20

어젯밤
남부지방의 프로야구도 취소되며
장맛비 소식 들리더니,
서울도 살짝 가라앉은 아침 날씨.

상계역 나가는 길.
포플러 가로수 꼭대기로 보이는 하늘에
흰 구름이 열심히 도배를 하는 중,
그 뒤에서 파란 하늘 몇 점 찡긋찡긋!.

문득 그 어릴 적,
엄마가
이불 홑청 빨아서 말린 걸
방바닥에 펴 놓고 이불에 꿰매실 때,
그 가운데 누워서
뽀송뽀송함 만끽하며 엎었다 뒤집었다를
했었지.
그런 생각,
그런 아침.

2018. 6. 19

상계역 나가는 길.
앞서가는 여고생 둘.
열변을 토한다.
가만 들으니, 어젯밤 대한민국 축구 얘기다.
그 중에 골키퍼 조현우의 선방이 단연
화제다.
“아휴, 그 페널티킥만 아니었으면…”
“야 근데, 귀엽게 생기지 않았냐?”
페널티킥 한 방에 망연자실, 간밤
대한민국 축구.
아침 해 마저 흐린 하늘에 가려
넋 놓고 모양 빠진,
이런 아침도.

2018. 6. 18

1호선 창동역 승강장. 전철 기다리는 중.
출근 시 전철 들어오는 홈이 아닌 반대쪽에 선 것으로 보아, 지역 사정에 밝은 비둘기 두 마리. 주위에 다른 비둘기는 없었다. 형제일까! 자매일까! 친구일까! 외모상 어른 비둘기는 아니다. 근데 저런! 한 마리의 몸 상태가 정상이 아니다. 외발로 서 있는데, 크기도 훨씬 작고 초점 잃은 눈동자. 스르륵스르륵… 쯧쯧, 언제부터 저리 살아왔었는지… 그의 곁을 지키고 있는 성한 비둘기가 부리로 부리를 하염없이 힘내, 힘내…

2018. 6. 15

첫새벽, 잠 설치게 했던 헌걸찬 빗소리. 열린 창문 생각나서 일어나 닫고 다시 잤었다. 아침 일어나 유리창 보니, 창 바깥에서 그들이 구슬땀을 흘리고 있었다. 창가에 묻었던 미세먼지를 죄다 닦았던 거다. 우리 집만 그런 게 아니었다. 4호선 타고 나오며 보니, 북한산 인수봉이며 도봉산 칼바위가 아주 그냥, 아침햇살에 반짝반짝.

2018. 6. 14

신이문역 근처, 늙은 장미 몸 씻겨 새 단장 해주는
비.
회기역 부근, 울타리 저쪽에서 넘어와 이쪽 전철
구경하는 능소화에게 고개 너무 내밀지 말라고
주의 주는 비.
어제 선거에서 고배 마신 이들 위로해주는,
토닥토닥 이 아침 비.

2018. 6. 12

상계역 나가는 길. 몇 미터 앞에서 다소 터울이
느껴지는, 여중생 언니가 초등 2~3학년으로 보이는
여동생 손을 잡고 걸어오고 있었다.
고개를 동생 쪽으로 돌려 뭔가를 일러주는데 동생은
끄덕 끄덕이다가 헤벌레 웃는다. 함께 웃는다.
이때 자매 얼굴 쓰다듬던 아침 햇살,
그 아침.

2018. 6. 11

월요일. 그리 덥지도 않고, 싱가포르나 각 지역 투표소나
나라 안팎으로 큰 뉴스 쏟아질 이번 주.
그걸 알아챈 듯, 청량한 대기 위 파란 맑은 하늘가엔
간혹 새하얀 뭉게구름 두둥실, 두둥!
출발한 4호선 뒤쪽 불암산이나 수락산도, 앞쪽 좌우로
보이는 아차산 도봉산 북한산도, 봉우리마다!
초미의 관심사에 귀추를 주목하는 양.

2018. 6. 9

토요일. 한산한 1호선, 도심 방향.
스무 살 남짓 아가씨, 그녀가 지금 꿈 꾸는
삶이 머리카락에 고스란하다.
첫눈에도 작품 주인공이다.
금발의 제니 또는, 금발의 나타샤다.
그러나! 꿈은 한때이고 영원한 주인공 없듯,
머릿속 뿌리에서 솟는, 저 검은 머리카락.
진정, 창포가 반길…!

2018. 6. 8

차창 밖.
날씬한 중랑천이 황금빛 치마를 입고 있다.
꽤 됐는데, 요즘은 저 치마가 마음에 쏙 드나 보다.
저 치마 입고 어딜 저리 가시나!
한강 지나 서해까지. 야들야들 물살 보일라!
샛노란 치마, 금계국 치마.

2018. 6. 7

청량리에서 내려 버스를 갈아탔다.
학교 체육복과 멘 가방에 꽂힌 채(라켓)로 보아,
서울시립대 지나 다음에 내리는 전곡초등학교
배드민턴부 아이들이다. 셋이 올랐다. 모두 스마트폰
게임에 열중하더니, 그중 저학년 아이가 상급생으로
보이는 아이에게 뭔가를 묻는다. 말끝마다 경어를 쓴다.
머리도 짧게 깎은 아이들이, '어린 군인 같다' 란
생각의 아침.

2018. 6. 5

2018 지방선거 및 국회의원 재보궐 선거가
일 주일여 앞으로 다가왔다.
역 입구부터 늘어서 허리를 굽히는 후보자들과
지지자들. 각 당 후보자의 간격은 엎어지면 코 닿을
정도의 거리, 그들 모두 인사하며 손 내민다. 한 후보
손 잡고 놓자마자 또 다른 후보 손을 잡아야 하는,
잡는 사람이나 잡히는 사람이나 일종의 진통인 아침.
하긴 세상사,
진통 없이 저절로 이루어지는 게 뭐 있겠나?

2018. 6. 4

차창 밖, 올려다본 하늘.
해무인지 미세먼지 탓인지 좀 뿌옇긴 해도,
하늘은 파랗고 흰 구름도 나와 있다.
구름은 아메바의 형태를 하고 있지만,
자세히 보니 척추뼈를 형성하고 있기도 하다.
척추뼈 닮은 전철, 구름 같은 인생.

2018. 6. 2

거의 같은 교통편 이용하고 있는,
올 6월의 첫 토요일, 2일.
세상에나! 오늘처럼 내 눈이 호강하는 날은
출근길 스케치 이후 십 년만에 처음이다.
갑자기 창동역 1호선 승강장으로 한 무리의
어린 하늘이 내려오더니, 재잘재잘 깔깔깔…
얼핏 세어 예닐곱 하늘에겐 보호자가 있다.
모두가 아빠들이다.
옆에 선 한 아빠에게 물었다.
토요일 맞아
창동에 있는 유치원에서
'아빠와 함께 체험학습 가는 날' 이란다.
앙증맞은 체육복 색깔은 하늘색,
상의에 새겨진 '자연' 은 유치원 이름이라고 했다.
청량리에서 아이티엑스로 갈아타고 강촌으로 간단다.
어린 하늘의 아빠들도
오늘 아침 하늘빛깔 그대로
만면에 가득하다.

2018. 6. 1

창동역 4호선에서 1호선으로
갈아타러 내려가는 계단.
구부정한 허리로 어깨에 가방을 멘
할머니 한 분이
올라오고 계셨다.
순간 어디서 많이 뵌 것 같은!
눈에 익은 모습이라는 생각이 들었었다.
작년에 돌아가신 내 어머니 생각이 났던 거다.
저런 모습으로
강원도 원주에서 청량리까지
기차를 타고 오셔서
다시 전철을 갈아타시며,
내가 좋아하는 반찬을 해서 지고 다니셨었는데……
내려오면서도 힐끔힐끔 고개 돌려,
오르시는 모습
물끄러미 봤던 아침.

2018. 5. 31

5월 마지막 날.
어쨌든 한 달 살아내느라 고생들 했다고!
하늘, 해, 풀, 물, 모두 위로로 반기는 얼굴.
동부간선도로 옆 흐르는 중랑천은 고속도로다.
고속도로 순찰대는 새하얀 왜가리.
순찰대가 떴다고 먼저 본 물고기들이 비상등 켜서,
다른 물고기들에게 조심시키는 게 햇볕에 걸렸다.
번쩍번쩍,
은빛 등.

2018. 5. 30

1호선, 여지없이 꽉 들어차 있다.
누군가, 파스 종류를 바른 사람이 있다.
누군지 모르지만, 은단을 먹었거나 은단 향 첨가된
껌을 소리 안 나게 씹는 사람도 있다.
나도 언젠가 파스를 바른 적 있었고, 은단 껌도
씹은 적 있었던 그, 1호선.

2018. 5. 29

1호선. 떼밀리다시피 들어가 손잡이 잡고 선 곳 앞,
30대 중반쯤으로 보이는 여자가 앉아서 잠이 들었는데
아주 당당하다.
벌린 입을 한참이 지나도 닫질 않고 자는 중이다.
언젠가도 저 모습으로 저렇게 자고 있었는데…
그날은 그저 속으로 '왜 저래' 했었다.
발 앞에 놓인 낡은 쇼핑백이 보였다.
까만 점 많은 바나나 몇 개랑 삼각김밥이 들어 있다.
화장기 없는 민낯의 그녀, 퇴근길일 수도!
내가 출근길이라고 남도 출근길은 아닌 세상.

2018. 5. 28

곧 6월, 5월 28일 월요일.
이젠 눈 씻고 봐야 봄 자취 한두 개 찾을까 말까!
1호선 지상 철길가 계절 시계는 어느덧 흐르고 흘러,
장미꽃 시 달맞이꽃 분을 가리키는 아침.
시침은 형형색색, 분침은 아주 노란.

2018. 5. 26

5월 마지막 토요일, 구름 한 점 없는 하늘.
초안산 나뭇잎과 풀들은
짬 날 때마다 녹색 덧칠 한, 태 역력.
하늘구름 대신해서 생겼을까!
저 땅구름들 4거리 교차로에서 섰다 사라지고,
섰다 사라지길 반복한다.
구름의 성분, 엄마 아빠 아기의 미소구름.

2018. 5. 25

상계역 승강장. 순서대로 타려고 섰던 줄.
그럼에도, 전철 들어와 문 좌우로 열렸을 때
섰던 줄은 와해가 됐다.
미꾸라지 한 마리가 논물 흐리게 한다는 말처럼!
오로지 자기 혼자만 자리 앉겠다고 승강장에 맨 나중에
도착한 자가, 가운데 쏘옥 껴 들어가며 선 줄 없앤 거다.
썩은 줄, 쓸모없는 아침.

2018. 5. 24

출근길, 찻길과 인도 사이
가로수 밑 주위에, 누군가 갈기갈기 찢긴 마음이
흩어져 있다.
로또 용지인데, 당첨 꿈 꿨다가 산산조각난 현실
퍼포먼스치곤 처절함의 극치다.
사금파리보다 더 예리하게 보이는 저 조각, 조각들.
환경미화원 아저씨가 비질로 달래 보는데도 좀체
일어나질 않는다.

2018. 5. 23

어제 부처님 오신 날 쉬고 나온 월요일 같은 수요일.
축제의 달, 계절의 여왕 5월도 종반을 향해
치닫고 있다.
1호선, 뒤에 선 여자가 통화를 하는데 상대가 엄마다.
"엄마, 어지르기만 했네, 미안해"
축제 그 후, 뒤치다꺼리하는 사람이여!

2018. 5. 21

1호선 철길과 주택 사이 방음벽.
그 위쯤 작년, 어쩌면 훨씬 이전에 나서 이미 생을 마친
넝쿨 식물이 벽을 타고 오르던 모습으로 풍장도 없이
박제돼 있다. 밑에선 새로운 세대가 선조들이 지나간
길을 시나브로 따라 오르고 있다.
대대손손 저들의 길처럼,
1호선 철길 발자취 더듬어보는 이 아침.

2018. 5. 19

창포라도 풀었었나! 봄비치곤 과하다 싶게 며칠 동안
대지를 씻고, 씻기던 비. 그가 한 일이 모처럼 등장한
아침 햇살에 의해 가감없이 밝혀지고 있다.
아파트 조경수며 가로수 잎들을 저토록 때 빼고
광낸 게, 4호선 고가 타고 노원에서 창동 지날 때
밑으로 보이는 중랑천 윤슬에 버금간다.
살랑살랑 나뭇잎 흔드는 저 바람아!
그래그래, 모처럼 화창한 토요일인 거, 안다 알아!

2018. 5. 18

칭얼칭얼 아기처럼! 하루이틀도 아니고
한여름 장마 흉내내며 게릴라식 국지전 펼치는
이 늦봄 비가, 이젠 올챙이 꼬리 같다.
개구리는 이미 뛰어다니고 있는데…
아 맞다! 지금쯤, 1호선 녹천역 부근 초안산 자락,
개구리들 분주할 이 봄비 아침.

2018. 5. 17

나라 안팎에서 휘몰아치는 최근 기운 탓일까!.
아직은 봄이란 이름의 명찰을 달고 있는데…
기분 가늠키 어려운 대기!
그가, 연출에 연출을 거듭하고 있다.
노원에서 인수봉 쪽 봤을 때 산허리까지 내려왔던
구름이 실비 미소로 오르기에 진정 국면인가 보다
했는데 청량리 부근 접어들었을 땐 다시 철철철,
도로를 휘돌며 헌걸차게 흐르는 비.
그의 속마음, 알다가도 모를……

2018. 5. 16

아침 해는 떴을 텐데 땅거미 진 저녁 같은,
봄비 사뿐사뿐 날리고…
언젠가 소개했던, 중랑천을 사이에 두고 월계역과
중계동 잇는 인도교가 얼마 전부터 개통돼,
그곳 위에 보이는 우산들.
얼핏 봐! 빨주노초파남보는 모두 있는 것 같다.
다리 중간쯤, 아치형 구조물 그 아래…

2018. 5. 15

입하 맞은 지 열흘 넘고 한낮엔 초여름 보이는 날씬데,
마스크 쓴 사람 많은 창동역 승강장.
점점 기승 부리는 미세먼지! 그 끝 어디인가?
진화에 진화 거듭하는 요귀의 씨앗, 저 결정체들.
습기 제거하는 물 먹는 하마 있듯, 미세먼지 먹는
초공룡이라도 개발 서두르지 않으면 안 될 것 같은
생각 중이었는데…
아! 오늘도, 철길가 꽃들아…

2018. 5. 14

봄 온 후부터 주인공 계속 바뀌는 현장,
1호선. 외대에서 회기 들어서는 지점.
오늘의 주인공은 주택가 방음벽에 늘어선
넝쿨장미, 그들.
어쩌면 저리도 빨간 립스틱의 종결자를 선언하고
있을까!

2018. 5. 12

5월 한가한 토요일 1호선 전철.
떡가루 더 곱나!
보슬보슬 봄비 더 곱나!
'이거 왜 이러세요' 묘령 아가씨 핸드백 주섬주섬
콤팩트 꺼내 얼굴 바르는데…
'이모, 난 어때?' 옆자리 엄마 품에 안겨 공갈젖꼭지
빨며 발장난 하는 여자 아기 얼굴,
그 아침.

2018. 5. 11

스읍 불청객
제 발로 왔다가 제 발로 사라지는
발견했다 쳐도 막상 내칠 수도 없는
도둑고양이 같은 미세먼지 아침.

2018. 5. 10

1/16의 1.
'계급장 떼고 덤벼' 상계역 나가는 길
이태리포플러 가로수 밑.
피자, 얼핏 봐 열여섯 조각 중 하나.
알맹이라 할 수 있는 부분은 없고 테두리 빵만 남은
부분을 놓고 비둘기 예닐곱 마리가 대치중이다.
비둘기도 서열이 있음이 여실히 입증되고 있는 현장.
한 부스러기라도 쪼아 넣어야 한다!
중심에서 먼 비둘기 빙빙 돌며 속으로,
'계급장 떼고 덤벼' 하다가…
'그래도 그건 아니지' 하는 눈치의 아침.

2018. 5. 9

모처럼 세 살 아이 얼굴같은 날씨. 차창 밖.
이 봄 온 후, 곧 질 걸 알면서도 꽃들은 앞다퉈 펴서
'세상 참 아름답구나' 를 느끼게 해주고,
'어느새 떠났네' 싶을 땐 허무와 여운도 동반하지만,
그조차도 삶의 과정이라는 걸
알려주고 가는 저 봄꽃들.
또 새롭게 피며 대대손손 이어달리고…
모처럼 세 살 아이 얼굴같은 저 날씨 아침에.

2018. 5. 8

계절의 여왕 각종 행사 많은 달.
5월 초 어린이 날 낀 연휴 물리고 맞은 어버이날.
이날 기다렸었나!
녹천역 부근 초안산 자락에 올해 처음 보이는 아카시아
꽃, 마치 시집 갔다가 나타난 누이동생 같은 꽃.
세상 모든 부모님들이시여!
오늘 행복하게 보내시고 옥체만강하시옵소서.

2018. 5. 4

출근길에서의 궁금증이 풀렸다.
며칠 전에도 언급했었던,
몇 년간 단짝 어린이집 선생님 둘 중,
올 신학기부터 안 보이던 한 선생님에 대한
궁금증이 풀렸다.
여느 때처럼 창동에서 같이 탄 선생님이
내 옆에 섰다가 중심이 약간 흐트러지며
내 발끝을 스치듯 조금 밟게 됐는데, 이내
"죄송합니다."라고 하는 거였다.
그 순간 아무것도 아닌데 괜히 미안해 한다 싶어
"아닙니다. 근데 같이 다니시던 선생님
한 분은 요즘 안 보이시네요?"
하고 물었던 거다.
다른 어린이집으로 옮겼다는
얘기로, 그간 출근길에서의
궁금증이
풀린 아침.

2018. 5. 3

봄비 그치고 맞는 아침.
화창한 하늘
뭉게구름 두둥실.
엇, 그러고 보니
세상을 온통 파스텔톤으로
들뜨게 물들이던 이 계절,
꽃샘추위도 견디고
이젠 진짜 봄인가 싶어,
막 더더욱 정들어 가려는데
내일 모레가
여름 시작이라는 입하다.
아!
청춘의, 이 첫사랑 닮은 봄아.

2018. 5. 2

창밖 철길가, 봄꽃 진 자리.
아슴아슴 씻어주는 비.
이때 내리는 비는 봄꽃 장례 전문 장의사 비.
예 갖춰 소란스럽지 않고 차분하게…
도열한 문상객 풀들도 방울방울…
잘 가요,
봄꽃님.

2018. 5. 1

근로자의 날.
쉬는 이 많은 토요일 닮은 전철.
개선장군마냥 해대는 옆 사람 통화,
창밖은 어떻고!
불한당처럼 어슬렁거리며 질척대는 미세먼지.
내상 감지 무렵,
아!
저 철길가 꽃들 좀 봐.

2018. 4. 30

창동역 승강장으로 내려가는 계단.
몇 해를 봤으나 말 한번 나눠 본 적 없는,
출근길에서 몇 번 소식 전했었던,
두 사람이 같은 어린이집 선생님이었던,
먼저 승강강에 도착하는 사람이
기다렸다가 함께 타고 다녔었던,
그러다가 언제부턴가 혼자가 된 선생님이
내 앞에서 발걸음을 내딛는데…
왠지! 어깨도 처지게 보이고, 발걸음도 그전과
틀리다.
'선생님 힘내요,
그분과 함께 다니실 때,
중랑천 이팝나무꽃을 보곤,
원생들 하고 점심시간에 먹던 밥 얘기로
두 분이 한참을 키득대셨었잖아요.'

중랑천 이팝나무 저렇게
핀 날……

2018. 4. 29

안개라면 해 뜨면 걷히는데, 해 눈부시되
불청객 미세먼지 꿈쩍도 안 하네.
근거린 그렇다 쳐도 멀린 도무지 보이지 않네
아침이면 눈인사 하는 북한, 도봉산도 이곳 내려다보는
낙으로 살 텐데…
저기가 여기고, 여기가 저기니 그저 입 다물라 하네.

2018. 4. 27

상계역과 이웃한 벽산아파트 버스정류장 부근.
첫 돌 막 넘었을까!
아기가 할머니 품에 안겨, 출근하는 엄마를 배웅한다.
엄마가 아기와 가까이 눈을 마주치며
"엄마 뽀뽀" 하니까 아기는 번갯불에 콩 볶듯 금새
따르더니, "엄마 갔다 올게, 할머니랑 놀고 있어"하자
대답은 않고 할머니 가슴에 얼굴 묻으며 마치,
'알았으니까 그런 걱정은 마요' 라는 식의 곁눈질로,
제 엄마를 본다.

2018. 4. 26

나설 때마다 거의 그렇지만 오늘도 서서 가는 1호선
바깥, 나란한 철길 반대로 의정부 방면 전철
마주쳐 지나가고, 다시 보이는 철길.
그 주위!
셀 수 없이 많은 저 자갈들 좀 봐.
곱다거나 앙증맞은 건 하나 없이 못 생기고,
자잘하고, 뾰족하기만 한데, 철길을 받쳐주고 있네!
저 서민 닮은 돌.

2018. 4. 25

평상시와 다르게 제시간에 안 오고
조금 늦게 도착한 전철.
이런 날 여지없이 겪게 되며 떠오르는 콩나물시루.
일행인 어떤 이, 둘 속삭인다.
"오늘 장날인가, 사람이 왜 이리 많아?"
"서울에 장날이 어딨냐?"
잠시 눈 감고, 그 옛날 시골장 달려가 보는 아침.

2018. 4. 24

1호선 창동에서 탄 예닐곱 학생들,
녹천 지나 월계에서 내리는 인덕고등학교 학생들,
길게 안 가고 두 정거장만 가면 내리는 봄 같은 그들,
왁자지껄도 잠시, 봄꽃 같은 그들.

2018. 4. 23

지난 곡우에 때 맞춰 오지 못했다고 미안한 마음
있기라도 한 듯 넘치는 행동, 봄비.
우산 날아갈까 걱정 되도록 바람까지 데려와선…
쏴~아 수준 넘어 주룩 주룩 저 혼자 신난 봄비.
마치 주인 며칠 못 본 강아지, 주인 품에 안겨
폭풍 키스세례 보내는 것마냥…
신이문역 기차들 기숙사, 열차 겉면에
정선아리랑열차라고 써놓고 알록달록
그림까지 그려진 관광열차가
지난 주말과 휴일의 여독 풀고 있는데,
그들에겐 '아주 딱' 인 토닥 토닥 봄비 아침.

2018. 4. 20

전철 진행 방향 맨 뒷칸.
그 중에서도 승무원이 안내방송도 하고 역방향일 때는
운전실이 되는 그곳 입구, 벽에 기대고 섰을 때다.
통상, 승무원의 교대가 이루어지는 광운대역에선
막 교대한 근무자가 객실과 연결된 문을 열고
객실 온도를 살피는 경우가 있는데 이때, 문에 기대고
섰을 승객을 생각해서 일단 노크 후 조심스럽게 문을
여는 이가 있는가 하면, 오늘처럼 노크도 없이 '쾅, 쾅'
여닫는 이가 있다. 조용한 객실, 주위에 섰던 사람들을
'우로 봐', '좌로 봐' 시키는…

2018. 4. 19

하루 다르게 오동통 붙어가는 살, 상계 대림아파트
조경수 그 잎들 참새들도 이들 커감이 신기한지,
나뭇가지에 떼로 앉아 연신 좌우로 고개 주억거리며
깔깔거리고 부는 듯 안 부는 듯 미세하게 일렁이는
바람은 카펜터스가 예스터데이 원쓰 모어를 부르는
것처럼… 그런 아침.

2018. 4. 18

연노란 병아리색 햇볕이, 노원 지나 창동 갈 때 고가철로에서 내려다 보이는 도봉자동차운전학원에 유독 머무는데 왠가 했더니… 아휴! 파릇 파릇 아기봄.
축구장 서너 개 크기 족히 되는 그 곳, 입체식으로 보이는 코스 코스마다 깔린 잔디… 이제 막 잠에서 깨어 봄옷 갈아입는 그들 곁에 다가가 쓰다듬어주는 그 아침.

2018. 4. 17

예전 경춘선 종착역이기도 했던 성북역.
지금은 광운대역으로 이름이 바뀌고, 1호선 수원, 천안 방면 출발역이기도 한 역. 차분히 세지 않곤 철길이 몇 개나 놓였는지 알 수 없는 역. 그 중 한 철로에 지금의 전철이 아닌 기관차 한 대가 화차나 객차를 달지 않고 서성이는 게 보인다. 장성한 자식들 다 나가고 혼자 고향집 지키는 엄마같은 저 기관차…

2018. 4. 16

도심 방면 1호선 철길가.
'아 재가 벌써 가는 건가!' 속 생각 알아챈 듯,
'개나리 간다고 아쉬워 마, 우리가 왔잖아'
이름은 모르지만! 오늘 아침 새로 펴서 다소곳이
웃으며 앉은 저 진분홍 꽃들.
겨우내, 돌보는 이 없는 무덤처럼 덩그마니 있더니
저런 자태 뵈주네.

2018. 4. 14

극세사 달고 달리는 전철, 전철 바깥 유리창과 저
부슬부슬 봄비의 합작품이다.
건너편 앉은 꽃띠 아가씨는 의자에 히터 가동되니
안방처럼 자다가 정차역 안내방송 나올 때마다,
엄마가 깨울 때마냥
마지못해 새눈 뜨며 미간 찌푸린다.
으이구, 철길가 개나리들 배웅이나 해줄 것이지.

2018. 4. 13

청량리 환승센터.
전철에서 내려 버스로 갈아타러 가는 길.
타려는 버스가 서 있는 걸 봐서 그랬는지,
대학생으로 보이는 한 남학생이 뛰다가
그만! 손에 쥐었던 봉지가 손에서 빠져 차도로
던져졌다. 다행이 인도와 차도 경계선 부근에
떨어졌지만, 그곳엔 어른 허리만큼의
가림막이 쳐져 있었고…,
팔을 뻗어도 손이 닿지 않는…,
때문에 우회해서 꺼내오지 않으면 안 되는 상태였다.
더욱이 문제는, 평소 버스가 다니면서
'여긴 내 길이오' 하듯 자국이 난 길이었다.
그냥 밟고 지나가도 어쩔 수 없는 상황…
우두망찰 그때, 지나가던 3220번 버스가
살짝 핸들을 꺾어줬다.
흰 봉지 그 속, 바나나우유와 빵.

2018. 4. 12

이 계절 전철 차창 밖
봄꽃 봄풀 볼 때
정말, 진짜,
미안하기 짝없는 일
이름 모르는 꽃, 풀 있다
학교 선생님들처럼 출석부를 부른다면
이름이라도 기억하련만 세상 살며 다정스런 목소리로
내 이름 듣는 게 어딘데…

2018. 4. 11

창동역 승강장. 전철 오길 기다리며 서성이는 바닥.
지난 밤 휘몰아치던 바람에 속절없이 날려 왔나,
어디서 어느만큼 온 걸까.
아무리 둘러봐도 주위엔 벚나무 없는데 납작 엎드려
있는 벚꽃 한 잎. 고귀하면서 안쓰러운 저 잎처럼…
바람 불 때 바람따라 어디로 가게 될 지 아무도 모를

2018. 4. 10

1호선 녹천에서 월계 사이 초안산.
어느 지점에선 자락이 철길과 맞닿아 있는 산.
엄마는 위험하니까 철길까진 내려가지 마라고
했을 텐데… 형제가 많으면 꼭 이런 아이 있듯,
철길 바로 옆까지 내려온 개구장이같은 산. 호기심 많은
초안산. 근데 아휴, 저 산 손 붙잡고 아장 아장 내려온
진달래꽃 좀 봐! 산이나 꽃이나…

2018. 4. 9

1호선 도심 방향 맨 뒤, 녹천역 다다라 출입문 열리자
전동휠체어 탄 장애인 내리려 하는데…, 전철 높이와
녹천역 발판 높이가 맞질 않는다.
녹천역 높이가 약간 높다 보니, 전동휠체어가 나가려
두어 번 시도하다 난감한 상태.
이를 본 안팎의 사람, 누가 먼저랄 것도 없이
휠체어를 들어 나가도록 도왔다.
미봉책보단 특단의 대책 시급하다는 생각의 아침.

2018. 4. 8

전철아파트. 4호선 고가철로에서 내려다 보이는 창동철도차량기지창. 평일 같으면 비번인 전철 두어서너 대만 오손도손 모여 있는데 토요일이라 운행하지 않는 전철 열댓 대가 휴일 맞아 늦잠을 자거나 쉬고 있다. 그런 전철아파트 이웃에 벚꽃나무들이 살고 있다는 사실! 그들이 하릉하릉 간질이면 제대로 쉬기나 하겠어? 봄아, 봄아, 불러만 봐도 좋은 이름의 토요일 아침.

2018. 4. 7

1호선 전철을 타고 오가며 보이던, 월계역 근처에서 중랑천 건너 하계동 방향으로 공사중 다리. 다리 중간에 아치형 철골구조물을 달고 처음엔 철길인가 했더니, 다리 폭이 의외로 좁고 중랑천 제방 쪽에서 오를 수 있는 계단도 설치돼 있는 걸 보니 인도교가 맞는 것 같다! 사람과 차가 함께 건너도록 돼 있는 기존의 다리완 차별화된 사람만 건너는 다리, 저 다리. 완공되면 한번 건너봐야겠다는 생각의 아침.

2018. 4. 4

간밤 왔던 비 꼬리가 길기도 기네
가만! 그만 가려는 걸저 심술 기온이 붙들은 거 같아.
그나저나 저를 어째 봄꽃들 오들 오들 그래도 떨어진 잎
크게 없고 씩씩하게 붙어있구나
사는 게 다 그래.

2018. 4. 3

오늘 아침 비록 흐려도 차창 밖
연둣빛 바탕에 연노랑, 연분홍, 연하얀 물감들
뿌려진 저 봄
이 즈음 천국 따로 있나, 저 모습 그거지.
좋은 꿈 꾸다 설핏 깼을 때 계속 이어서 꾸고 싶은
것처럼 놓치고 싶지 않은 저, 1호선 철길가.

2018. 4. 2

4호선 노약자석 상계에서 탄 할머니 한 분이 어깨에 맨 가방을 벗어서 빈 옆자리에 내려 놓고 가쁜 숨 내쉬는데 또래의 다른 할머니 한 분이 엉거주춤 서서 계신 걸 보고, 가방을 끌어 안아 무릎 위에 놓고 서 있는 할머니에게 앉으라 했다.
다음 역인 노원역에서 내리기 위해 가방을 다시 메려는데 옆 자리 앉으셨던 할머니가 일어나서 도와주신다.
친구인 듯 친구 아닌, 자매인 듯 자매 아닌…

2018. 3. 31

3월 마지막 날, 주 5일 근무로 쉬는 사람 많은 토요일… 더군다나 교외나 청계천, 고궁엔 한창 무르익는 봄상 차려놓고 있을텐데…
마음 아는지! 1호선 철길가, 개나리 목련 군무팀의 합동 공연 유난하다.
아 그래! 고맙다 고마워.

2018. 3. 30

압력밥솥 뚜껑이 열렸다
4호선 노원에서 창동 향하는 고가철로, 그 아래 펼쳐진
중랑천 둑방에 이제나 저제나 취치치치 취치치치…
압력밥솥 같던 중랑천이 드디어 뚜껑을 열었다
보기만 해도 배 부르는 저, 노랑 연두 분홍
삼 색 봄밥.

2018. 3. 30

창동역 울타리 너머 버드나무 야리야리 야들야들 잎,
점점 살 오르네
그 옛날 할머니 그러셨지!
갓난아기 방귀는 아기 엉덩이 살 오르는 방귀라고.
참새야 뱁새야 가만히 좀 있어 봐
버드나무 아기 잎
버들피리 소리 좀 듣그러.

2018. 3. 28

한동안 꽃샘바람 잠잠하나 싶더니 요며칠 미세먼지랑
바통 터치를 했던 거였고 다음 심술장이는 내몽고
고비사막에서 꾸역 꾸역 달려오는 모래바람이라는데…
철길가 저, 아기 봄꽃들아 누가 그토록 예쁘래?
하긴, 그렇게 피려고 얼마나 애를, 애를 썼겠니!

2018. 3. 27

깜짝 놀라게 해주려고 속으로 들떠 있다가 드디어
'똑똑' 노크를 했었을 텐데…
석계역 부근, 현대자동차 성북출고센터가 자리를
비우고 떠난 자리 그 울타리 쪽, '어, 작년까지만
해도 그 많던 차들이 다 어디 갔지!' 어안이
벙벙했었을 그들…
어김없이 봄의 전령사, 순응의 아이콘으로
그들이 다가섰다.
목련, 그 옆 산수유 파르르…

2018. 3. 26

언젠가 얘기했었던 자폐 청년, 처음엔 눈에 띄게
순간적 감정들을 가감없이 돌출성으로 내뱉곤
하더니, 요즘은 길들여져 가고 있는
야생마같다고나 할까!
이따금 함께 일하는 스태프들과 통화할 때 목소리
톤이 좀 큰 게 흠이라면 흠이지만… 문득, 이 청년
취직시켜준 회사가 고맙다는 생각 해보는 아침.

2018. 3. 24

토요일이라 자리가 널널하다. 앉았다.
다음 역 옆 자리에 30대 초반 남자가 앉는다.
하얀 운동화, 청바지가 먼저 눈에 들어왔다.
조금 후 무릎에 놓인 가방 위로 스마트폰이 놓여지더니
봄꽃이 화사하게 피어나고 있다.
이제 갓 백일은 된 것 같은 아기 얼굴. 바깥 보는 척,
남자 얼굴 봤다.
꽃대궁이다. 꽃대궁 눈에 힘이 솟고 있다.

2018. 3. 23

4호선 노원에서 창동 가는 고가철로 밑, 교차하며
흐르는 중랑천. 중랑천이 바닥에 모아둔 모래를
방출하고 있다. 이름하여 '춘사수매' 라고나 할까!
포그레인이 들어가서 퍼내고 있는데 언제 저렇게
모래를 많이도 모아놨던지 금모래 가득 모은
중랑천은, 부잘세, 부자야.

2018. 3. 22

어제 개나리 나오던 소식 전할 때 팔쥐가 엿들었는지…
아! 그 놈의 팔쥐가 글쎄 냉냉 바람 제 식구들
끌어들여저 닮은 팥알만한 눈송이를
만들어 뿌리더라구.

아휴 팔쥐 못 됐어!
1호선, 어제 그 개나리 집성촌 지날 때…

2018. 3. 20

가지 끝 몽툭, 개나리 곧 무대 오를 준비 한창일 텐데
심술바람의 심술 수치 장난 아닌 창동역 승강장.
그러고 보니 수 년동안 늘 단짝으로 다니던 어린이집
선생님 둘 중, 새학기부터 한 이가 안 보인다.
평소 같으면 기다렸다가 함께 타고 소곤재잘 소곤재잘
다녔었는데…
심술바람 줄기 몇, 꽃같은 아이들 보살피러 가는
어린이집 선생님 머리카락에 머무는 아침.

2018. 3. 17

아침 햇살은 봄 편, 기온은 늦겨울 편
아기 동생 돌봐주는 햇살 병아리색 등 켰는데 동생에게
사랑 뺏긴 형같은 날씨가 뾰루퉁한 아침
그래, 아직은 심술부릴만도 하지
이제사 음력 2월 초하룬데 뭐…
그렇게 그렇게 새싹은 돋아날 거야.

2018. 3. 16

1호선, 세상은 60대 혹은 70대 초반 할머니들도
직업전선에 나서는 시대. 조금이라도 젊게 보이려
애쓰신 흔적들… 스마트폰 들고 젊은이들 하듯 따라
하시는 분들도 심심치 않게 목격되고…
두 할머니가, 회사 탕비실에 있었던 얘기를 조곤조곤
나누시던 중, 방금 탄 할머니가 눈썹을 그리며
화장하는 모습을 보시곤 눈짓으로 흉을 본다.
또래는 또래다.

2018. 3. 15

고삐 풀린 망아지처럼 뛰어다니는 비.
곧 펼쳐질 저 푸른 초원 위해 자원봉사 나선 비.
봄 그 샹그러운 자태, 생각만으로도
어쩔 줄 몰라 콩콩 뛰는 저 비, 짝사랑 소녀에게
용기 내어 애정공세 퍼붓는 저 소년같은 봄비,
그 3월 15일의 아침.

2018. 3. 13

뿌연 날씨저 뿌연 물체들 넘어왔을 서쪽을 생각하자,
연상되는 서해.
이어 불현듯 연평도가 왜 떠오르나!
그 곳에서 자라던 섬소년, 문득 그가 썼던
시가 되뇌어진다.

'열무 삼십 단을 이고
시장에 간 우리 엄마
안 오시네. 해는 시든지 오래
나는 찬밥처럼 방에 담겨
아무리 천천히 숙제 해도
엄마 안 오시네.'

서른도 못 된 나이에 세상 등진 젊었던 시인,
기형도.
그는 꽃눈 틜 이 즈음 그렇게 갔다.
조금만 더, 꽃 핀 후 갈 것이지…
나랑 또래라서, 참으로 아슴아슴 이 가슴.

2018. 3. 12

누군가, 전철에선 서면 앉고 싶고 앉으면 존다더니,
일곱 사람 앉게 돼 있는 전철 의자에
앉은 사람 모두가 눈을 감고 있다.
월요일은 유독 그런 것 같다. 이름하여 월요병,
오늘은 날씨마저 끄물끄물대며
한몫하고 있는 월요일 그 아침.

2018. 3. 10

3월도 중순 입구, 10일.
노원역에서 좌우로 둘러 보이는 불암, 수락, 도봉, 북한,
모든 산을 에워싼 저 음습한 물체들.
형체라도 있고 없고. 저게, 나올 때 얼핏 들리던
기상캐스터의 말처럼 미세먼지건 말건
나는 그렇게 생각하기로 했다.
봄 공연 막이 오르기 전, 극의 신비성 위해
연기를 뿜어 놓은 것이라고…

2018. 3. 9

어제 보슬보슬 봄비 지나고
찌푸렸던 하늘이 뽀얀 햇살 드러낸 3월 9일 아침.
1호선 괜스레 창밖 자꾸 두리번거리고 있지만,
꽃아! 아직은 나오지 마.
전철 탄 사람들이 패딩이라도 벗은 후 나오렴.
꽃 대할 예의 아직, 아직은 미흡해.

2018. 3. 8

좀 더 예쁘게 새단장해 내보내려 봄비가 부슬거린다.
옅은 바람도, 거들며 아직은 기다리라 이르는 아침.
앞서 상계역 향하는 우산들… 그 중 파란 우산 보니
문득 그 옛날 초등학교 시절 비닐 우산이 떠올랐다.
그 파란색 비닐 우산. 그 우산 세차게 때리던 빗소리,
어쩌다 바람도 합세해 때릴 땐, 참지 못 하고
곧바로 반항심 보였었던 그 우산.
샛파란 청춘에 참지 못하고
확 뒤집어 벗어제끼던 추억 속 그 우산.

2018. 3. 6

앗! 회기역 철길,
담 부근 개나리나무가 잠을 깼다.
아직 화장도 안 한 상태지만 1호선 스쳐 지나갈 때 얼핏
본 겨울 이불 걷고 앉은 그 환한 아우라.
웬일일까, 어제까지만 해도 기색 없더니..
아! 오늘이 경칩이구나.
혹, 그들이 마실이라도 올 수 있겠다는…

2018. 3. 3

굳이 서서 가려는 이 외엔,
서서 갈 일 없는 토요일 1호선
창밖 스케치
도로 가득 메우려는듯 차들, 아파트, 아직은 겨울나무
아니! 키 큰 겨울나무가 아파트화 돼 있다
둥지가 하나, 두울, 세엣.

2018. 3. 2

아차산 넘어온 해가 건너편 북한, 도봉산 비추는데,
꼭대기 부근 며칠 전 내린 눈이 그 빛 받아 발하고 있다.
마치 비비크림 바른 것 같다.
오늘 밤 큰 행사가 있는 걸 알고 화장을 하는가 봐!
정월 대보름.

2018. 2. 28

창동역 1호선 승강장.
앗!
담장 바깥 버드나무 아연 생기 띈 모습.
어제까지도 여느 나무처럼 겨울나무 색이더니…
작년 늦가을, 모든 나무들 겨울잠 든 후
잎 개고 잠에 들더니…
가장 늦게 주무시고
가장 일찍 일어나시던
엄마같은…

2018. 2. 27

희끄무레 비라도 내리려나!
울상 하늘 봄 향연 아직 계획도 안 잡힌
무채색 전철 창밖 가뜩이나 무표정 사람들…
이때!
카톡하던 한 사람 얼굴에 환히 퍼지는 미소,
그 빛 아침.

2018. 2. 24

2월 마지막 주 토요일
현관 나설 때 훅!
전날 내려 쌓였던 눈, 흔적도 없게 훅!
4호선 노원에서 창동 향하며 내려다 보이는 중랑천,
천변, 땅 속에서 하는 일 짐작하게스리 훅!
무진 애를 쓰겠지, 누가 누가
얼마나 얼마나 예쁘게 예쁘게 예쁘게
솟아 올라올까들…

2018. 2. 23

며칠 전 오스트리아 빈에 사는 사람이 전한
소담스런 눈 소식
밤새 서울에도
사브작사브작 쌓이도록 내렸다
간선도로는 염화칼슘으로 다 녹았지만
이면도로는 천진난만한
아이마냥 오도카니 그대로 있다.
옛말에
'아이 좋아하는 할아버지가
아이에게 수염 뽑힌다' 는
말 있다는데…,
조심 조심 미끄럼 조심.
이국 눈 낭만이더니,
서울 눈 현실이다.

2018. 2. 22

미안했다.
왜 망설였었는지 미안했다. 진작 내줄 걸
가득 찬 1호선 진행 방향 맨 뒷칸 중에서도 끝 출입문,
월계역. 20대 후반 체격 건장한 남,
롱패딩 입고 양 겨드랑이에 알루미늄발을 짚고 탔다.
주춤주춤 자리쪽으로 들어가보려 했지만
여의치 않아 포기하고 섰다.
나는 전철 벽에 기대기라도 했었지.
광운대, 석계, 신이문 세 역을 엉거주춤 섰었는데
사람들 더더욱 밀려 들어오고 안 되겠다 싶었다.
기대기라도 하는 게 나을 것 같아
나랑 자리를 바꾸자고 했더니
고개 꾸벅하며 고맙다고 했다.
미안했다.
왜 망설였는지 미안했다.
진작 내줄 걸.

2018. 2. 20

이런 날도… 먼저 타겠다고
줄 흐트러뜨리는 이 하나 없었고,
하계역 부근 열병합발전소
굴뚝 3기에서 올라가는 연기가 바람의
관여없이 직선으로 곧다.
이런 날 문득 기다려지는 바람,
개울가 아슴아슴 버들강아지
바람.

2018. 2. 19

까치 설날 우리 설날 다 물리고 이젠 누가 뭐라 해도
명실상부한 2018(무술)년.
절기상 우수 아침.
동부간선도로 나란한 중랑천 살얼음도 자취 감춘 그 곳,
그간 한파로 한동안 안 보이던 청둥오리 몇 마리, 자맥질
한창이다. 1호선 전철 안에선 스마트폰 검색에,
카톡하는 손가락들 바쁘고…

2018. 2. 14

현관 나설 때 맞아주던 날씨
그간 한파는 어디 가고 모처럼 유순. 오늘 근무
마치면 설연휴 시작, 귀향길… 그나마 춥지 마라고
설 음식상 준비할 텐데 그나마 춥지 마라고
조상님 음덕, 이미 시작.

2018. 2. 13

'아침엔 추워도 낮 기온은 영상으로 오르겠다' 는
기상 캐스터의 목소릴 들으며 봤었던 달력, 큰 숫자 밑
작게 표기된 음력 날짜에 대동강물도 풀린다는 우수가
일주일도 안 남았던데…
1호선 임산부 배려석 40대 남자가 앉아 졸고 있었다.
'거참! 여자라면 또 몰라' 속으로 생각할 즈음,
신이문에서 탄 30대 초반 여자, 아랫배가 조금 부르다
싶었는데 그 앞에 섰다. 다행이 남자가 다음 역인
외대에서 내리고여자가 그 자리에 앉았다.
술술 풀릴 징조인가! 그렇게 생각하기로 했다.

2018. 2. 12

전농4거리 어느 목 좋은 상가,
누구라도 보라고 시, 분, 초 명기된 전자시계를
커다란 간판처럼 달아놨는데 밝기가 티끌 하나 없는
아이 눈망울 같다. 때는 바야흐로 LED등 시대,
아무리 그렇더라도 어느 뒷골목엔 지금도 수은등
껌뻑거리는 아나로그가 공존하는 세상,
그 아침.

2018. 2. 9

대한민국 평창. 얼음과 눈 위에서 스케이트, 스키, 썰매,
보드, 스틱, 스톤 등으로…
지구촌 겨울 축제, 동계올림픽 열리는 날.
1호선 지하청량리역, KTX 열차표를 끊었다는 70대
초반과 50대 초반쯤 모녀가 전철에서 내려 기차
타는 곳으로 이동하다가 길을 잃었나 보다.
"저기, 평창 가는 열차 어디서 타요?" 하고 묻기에
가르쳐 줬더니 모녀가 함께 "고맙습니다."하는데
딸 손에 들렸던 큰 가방도 덩달아 허리 숙이는 아침.

2018. 2. 8

시베리아보다 춥다는 신조어, 서(서울)베리아.
떡방앗간 가래떡 나오듯 꾸역 꾸역 이어지는 한파
그 혹독한 존재감
훗날
그 해 겨울, 회자 되리.

2018. 2. 27

1호선 전철 안.
일전에 얘기했었던 스무 살 남짓 자폐청년.
휴대폰 속 펭귄 나오는 만화영화를 보고 있다.
장면 장면마다 웃는데 소리가 크다.
아이처럼 천진난만하게 빠져 웃지만 목소린 굵은…
'쉬잇' 하고 검지를 입에 갔다 댔더니 거침없이
"죄송합니다" 한다. 것도 잠시뿐, 재밌는 걸 어쩌랴!
"이거 보세요, 재밌어요" 하며 화면을 보여준다.
그래, 그래…

2018. 2. 5

상계역 나가는 길 귀에 거슬리는 자동차 경적 소리
누르게 한 제공자나 누른 사람이나…
어제 도착한 입춘 입춘 체면 안 서게 한겨울 한파를
계속 시연하고 있는 날씨
세상은 완벽하지 않은, 뭔가 부족한 것들로 산재한 세상
고행이니 수행이니 하는 말도 그래서 나왔겠지.

2018. 2. 3

기상청 예보에 토요일부터 다시 춥다더니, 여지없다.
추워지는 싯점이 출근길부터 였었나!
체감상 급전직하, 나오던 때보다 더 난리다.
난리치는 주범이라면 심증은 물론 현수막이 알려주는
물증으로도 명확한, 바람이다.
휘몰이장단에 몸을 싣고, 도시 건물과 건물 사이를
휩쓸고 다니는 저 바람!
시내버스 정류장에서 누군가 내뱉는 소리.
"바람만 안 불면 안 추워"

2018. 2. 2

창동역 승강장. 어디선가 들리는 까마귀 소리.
어릴 적 까마귀는 흉조니, 소리 들으면 재수 없느니
했었는데…, 요샌 귀하다며 길조로 불리니…
조생역전 맛본 새!
겉 검다고 속까지 검을 소냐.
새 중 유일하게 늙은새를 챙긴다는 까마귀…
소리 유독, 흐느낌으로 들렸던 건
엄마새 그리워했던 거였었나!

2018. 2. 27

1호선.
회기 지나 지하청량리로 향할 무렵 60대 중반 여자가
일어난 자리, 앞에 섰던 40대 남자가 옆에 선 50대
남자에게 자리를 양보했는데, 그 남자는 다시, 문가에
섰던 60대 초반 여자를 불러 앉으라 했다.
여자는 '다음에서 내린다' 고 한사코 사양, 결국 최초
양보를 시도했던 남자가 자리에 앉은, 양보 릴레이.

2018. 1. 29

지난 주 내내 속 썩이던 초강추위
주말과 휴일이라고 잠시 주춤거리더니
월요일 되자 여지없이 나타났다.
보기 싫은데 같이 출근중이다.
'극복할 수 없다면 즐겨라' 고 했던가.
그래, 와라, 얼마든지 와라! 저도 한 땐데,
저러다 가고 말 것을…

2018. 1. 27

토요일 1호선.
베낭 메고 겨울 등산복으로 무장한 삼십 대 중반 남자,
휴대폰 통화를 하는데 김 샌 말투다.
저쪽에서 추워서 못 나오겠다고 하는 것
같더니, "그래? 알았어, 쉬어라"
일주일 내내 맹위를 떨치는 혹한,
메이저대회 19승 중인 당대 테니스 황제, 페더러 같다.
아직은 혹한에 대비 덜 된 22살 청년, 정현!

2018. 1. 30

지하청량리에서 환승한 720번 버스.
버스가 초강추위의 공격에 내상을 입었다.
규칙적이진 않지만, 버스 기사의 신음소리가
끊이질 않는다.
"한파로 인하여 뒷문이 작동을 안 하고 있습니다,
내리실 분은 앞문으로 나와주시기 바랍니다."
서울, 영하 17도 아침.

2018. 1. 25

마치 동계 올림픽 기념 전초전이나 하는 것마냥,
연일 최저 기록 경신 아침.
어느 이의 안경이 바깥에 있다가 전철 막 오르자,
앞이 안 보일 정도로 호되게 신고식을 치루고 있는데,
오래 참지 못하고
이내 어루만져 주고 있는 안경 주인의
그 아침.

2018. 1. 24

이제 막 사랑에 빠진 커플이 보고 있어도 보고 싶듯,
지하청량리역 형광등이 불을 켜고도 이따금 파르르 떠는 초강추위. 어릴 적 얼음배 타다가 물에 빠졌을 때일까! 발가락 끝에 박인 얼음, 추울 땐 여지없이 그 시절 추억하며 아릿아릿.
서울, 올 겨울 최저 영하 16도 이 아침.

2018. 1. 23

예보대로 한파.
친친 감싸고 발 동동 구르며 버스 오길 기다리는 정류장 사람들.
그래도 그토록 속 썩이던 미세먼지를 한 점도 남기지 않고 다 쓸어버린 게 어디야.
하늘은 또 어떻고! 티끌 하나 없어 노원 고가에서 보이는 중봉, 인수봉도 손 뻗으면 닿을 듯 거기에, 엊저녁 펑펑거리던 새하얀 눈마저 오롯이 담아놨으니
제 아무리 추워도 겨울, 그의 매력 짱!

2018. 1. 22

타고 내리는 발소리만 들리는 가득 찬 전철
이어폰 꽂고 통화한다고 하지만, 목소리 우렁찬 20대
초반 남자. 자세히 보니 정상에 가까운,
자폐성 발달장애 청년이다.
저쪽에서 고개를 주억거리던 남자가, '조용히 통화하자'
고 했다. 미안해하는 눈망울로 알겠다는 목소리마저
크다. "네!" 뭔가 아려오는 가슴도 작진 않다.

2018. 1. 20

흐려도 저 멀리 수락 불암이 보여.
거기까지 보인다는 건 대기는 깨끗하다는 거야.
토요일이라 어김없이 자리가 있어. 앉았어.
옆에 아가씨는 드럼 연주 음악을 좋아하나 봐.
이어폰을 꽂았는데도 내 귀까지 치고 있어.
아가씬 그 음악에 취해 잠에 들었네.
내 어깨가 베개가 됐었어. 오래 가진 않았어.
그렇게 그렇게 전철이 가.

2018. 1. 19

4호선 상계역.
승강장 줄이 전철문 열리는 순간
몰려 들어가며
와해됐다.
빈 한 두 자리 서로 차지하려는 쟁탈전으로
삼십 대 남자와 사십 대 남자가 서두르는
통에 삼십 대 남자의 어깨에 멘 가방이
바닥에 떨어지고,
그때 둘이 잠시 주춤한 사이
옆 출입문에서 탄 여자가 그 자리를 치지했다.
전광석화가 따로 없다.
마치, 축구 골문 앞에서 혼전 중
예상치 않았던 선수가 뛰어들어 기습 슛,
골인처럼…

어부지리, 골!

2018. 1. 18

4일째 미세먼지
오늘은 그간 업적이 있어선지 계급장을 붙이고 나왔다.
이름, 초미세먼지.
아! 2중대도 데리고 온다더군.
내몽고 고비사막에서 출동시킨 모래부대.
원, 명, 청나라 시절부터,
6.25 때 인해전술까지…
한반도, 한류, 도대체 이 놈의 인기란!

2018. 1. 17

먼 친척보다 가까운 이웃.
먼 곳은 그저 꿈과 이상, 희망의 언저리.
암연 속 불투명 그곳. 그곳에서 보는 이곳도
그곳일 텐데…
3일 연속 미세먼지와 싸우는 출근길. 보상금,
교통카드 무료.

2018. 1. 15

평상시와 다르게 오늘 전철이 미어 터진다. 왠가 했다.
뉴스에서 얼핏, 오늘 출근길 전철 버스 무료 어쩌구
저쩌구 하는 소리를 들었었다. 그 효과인 것 같다.
곧 이어 미세먼지 얘기도 있었다. 아니나 다를까!
멀리 보여야 할 게 안 보이고 뿌옇다.
지렁이도 밟으면 꿈틀한다는데,
먼지들이 꿈틀거리며 거리로 쏟아져 나왔다.
먼지들 총궐기 하는 날.

2018. 1. 13

회색 하늘에서 내리는 눈이 어둡지 않고 하얘서 참
다행인 세상. 토요일 출근하는 이들 위해 이날 아침은
전철 자리가 보장된 세상.
옆 자리 삼십 대 여성 핸드백, '드르르~~' (휴대폰 진동)
"엄마~ 눈 와" 아빠가 어젯밤 늦게 들어오셨으니까
아빠가 일어날 때까지 깨우지 말고 기다리라는 젊은
엄마와 자녀의 휴대폰 통화 세상 덧붙여서, "엄마도
오전근무만 하고 일찍 갈게." 토요일 아침 세상.

2018. 1. 12

1월 12일 음력 동짓달 스무엿새
체감온도 뺀 액면,
영하 15.1도 서울
'올 겨울 최강 한파' '이 이상 어떻게 더 추워'
'이렇게 추운 적 있었나'
나보고 신문 헤드라인 뽑으라면
이 세 가지가 가차없이 떠오른다.
해는 뒤쫓건만 최대한 몸 움츠리고 움직이지 않는
저 초승달은, '혹 얼어 붙은 건 아닐까,
가서 흔들어 봐야 하는 거 아니야'
하고 말장난 단짝 친구 창규에게 묻는다면,
일언지하, '닥쳐'
소리가 나올 것 같은 예상에 이르매…
사람 몸,
적응의 힘.

2018. 1. 11

신이문역에서 앞에 앉은 사람이 내렸다.
앉으려는데, 옆에 섰던 30대 중후반쯤 남자가
한 손은 휴대폰, 다른 손은 가방 하나와
쇼핑백을 동시에 들고 있었다. 대신, '앉으라' 했다.
"아닙니다, 금방 내립니다" 했다.
그런가 보다 하고 앉았다.
그런데, 다음 역인 외대앞에서도, 회기에서도 안
내리더니 내가 내리는 청량리에서 내리는 거였다.
(속으로) 아 나, 이 양반.

2018. 1. 10

어제 저녁부터 이따금 폴폴 대더니 딱.
조간신문 두께만큼만 눈이 쌓였다.
신문 얘기하니까 문득 저 눈 같은
새하얀 소식들만 전해지는 하루이길
빌어 본다.

2018. 1. 9

현관 나서기 전 아침 뉴스,
여의도 근처 지하철역 입구까지 나가
날씨 전해주던 기상 캐스터의 화들짝 놀라던…
그 정도는 안 되는 노원구.
하긴 여의도쪽은 예의 한강바람에 한겨울이면
이따금 빌딩숲 사이 사이를 휩쓸고 뛰어다니는
불한당같은 칼바람이 골칫거리긴 하지.

2018. 1. 8

겨울비라도 아님 눈이라도 흩뿌릴 것 같은
무채색 전철 바깥
표정이라곤 없는 1호선 철길가 연극 끝나고 배우들
퇴장한 것 같은.. 다시 올릴 막, 기다길사…
아듀!
덕수궁 쪽 정동 세실극장
역사 속으로…
비라도 아님 눈이라도…

2018. 1. 6

아!
한 듯, 안 한 듯 옅은 화장을 한 아침해.
그래, 맞다! 그러고 보니 동지 지난 지 2주가 됐다.
이제 겨우 소한 지난 올 겨울이지만, 해는
내일의 메신저 되어 사나브로 제 갈 길 걷고 있구나!
토요일 출근길에 오른 전철 속 저 이들처럼…

2018. 1. 5

이것 저것 챙기다가 집에서 설치며 나오기 전 시간은,
우리나라 축구가 상대팀에 0 : 1로
끌려가는 인저리 타임과 같은 속도.
나오니 겨울에 가장 춥다는 절기상 소한,
어려우면 어쩌나 걱정했던 시험 문제가
아는 것만 나왔을 때처럼..
술술
소한.

2018. 1. 4

상계역 승강장, 이미 다 찬 자리.
아무리 앉을 자리는 없더라도 내리는
사람 생각해서 전철 문 열리는 양쪽에
줄을 섰다가 차례대로 타야 하는데…
볼 때마다 줄은 무시하고,
그저 먼저 타려고 전철 문 열리는
가운데 서는 얌체 아줌마(?)가 있다.
삼십 대 초반쯤으로 보이는데,
설령 결혼을 안 한 아가씨라도
그냥 아줌마로 칭하겠다.
도대체 무슨 생각으로 매일 그렇게
줄은 못 서고 그 난리인지…
하긴, 알면 그러겠나
모르니까 그러는 거겠지!

'제발 저 여자 좀 안 보고 출근했으면…'
하는 이런 생각 아침.

2018. 1. 3

현관 여니 노원구 영하 7도.
서산 넘던 보름달이 산 위를 넘지 않고 멈춰 있다.
마치 내가 나오길 기다리기라도 한 양…
살아실 적, 주무시기 전 내 방에 들어와 차낸 이불 덮어
주시던 엄마 얼굴이다.
추우니 어서…
엄마 안녕.

2018. 1. 2

새해 첫 출근 삼천리 방방곡곡에서 어제 그토록
대환영 받았던 해 였지만! 해가 그러겠다
'매년 1월 1일만 같아라' 라고…
새해 먹은 마음 당장은 써도
오물오물, 우걱우걱 물려도
오래도록 뱉지 말아야
훗날 달콤.

2018. 1. 1

귀경길…
엄마는 안 계시지만 동생이 집 지키는 고향, 원주!
어제 청량리역에서 기차 타고 내려올 때도
빈 자리가 없더니 올라가는 길 또한 마찬가지다.
지금은 역 대합실. 의자에 앉을 자리도 없을 만큼
붐비고 있다. 어느 여자 아이가 할머니를 부르고…
웅성웅성, 두런두런… 티브이는 연합뉴스가 독식하고
있고, 기차 출발 시간 전까지 하릴없이
TV에 눈을 꽂고 있는 사람, 사람들…

2017. 12. 30

어제를 마지막으로 쉬는 이 많아도,
'그들만의 리그' 처럼 올해 마지막 출근
희붐 바깥 안개인지 미세먼지인지 자욱 다가오는
2018처럼… 어쨌든 매년 이 맘때 떠오르던 단어
세모, 새해, 송구영신, 근하신년, 내년에는, 희망…
그래! 그 중 '희망' 이 으뜸이네.

2017. 12. 29

주 5일 근무자들은 올해 마지막 출근길
해마다 세모, 연말연시가
붙잡고 흔드는 것 시원섭섭 아니, 뭔가 아쉬움.
누군가 조곤조곤 통화하며
"하늘이 흐리네…"
"……"
"응 춥진 않아"
삭풍이 가지 끝 흔들지만 않는다면 좋은 겨울,
새해를 꿈꾸며…

2017. 12. 28

그러고 보니 얼마전부터 광운대역과 석계역 사이
'현대자동차 성북 출고센터' 에 수백 대의 신차들이
하나도 없다. 처음 느꼈을 땐, 그저 의아하다가 전철
진행 속도에 비례해서 의아함이 묻혔었는데…
오늘 보니 간판도 떼어져 있다.
아! 이사 갔나 보다. 저것도 바람같구나!

2017. 12. 27

전철에 앉은 30대 초반 남자가
휴대폰에 코를 박고 있다가
전화를 받았다.

"네 어머니"
"……"
"지하2층 문 앞에 있어요"
(아마도 주차 위치인 것 같다.)
"……"
"네~"

소리가 끝나기도 전에 일어서더니
앞에 선 허리 구부정한 노인에게
자리를 양보한다.
휴대폰에 코 박고 있다가 못 봤던
거였다.

2017. 12. 26

1호선 국적 초월 커플, 파란 눈동자 아빠와 한국
사람인 엄마가 세 살쯤 남자아이를 안고 자리에 앉았다.
닮기는 아빠를 뺐는데 눈동자는 엄마다.
엄마품에 안긴 아이가 옆에 앉은, 모르는 20대
총각과 손장난을 치고 있다. 톡 건드리고 안 건드린
척 하는 거다. 아이 엄마가 말한다.
"삼촌한테 그러는 거 아니야" 그친 것도 잠시,
아이랑 눈 마주친 총각이 손등을 콕 누르고 짐짓
모른척 하자 아이도 질새라 총각 손등 콕 누르고
고개를 반대편으로 돌리는 그런 아침.

2017. 12. 23

회색 하늘 회색 도시 그들이 철저히 도우미를 자처한
토요일 아침.
사거리 빨강, 주황, 녹색, 좌회전 화살표 신호등이
춤을 추는데 저마다 색깔 곱다고 생각되는 순간 더
곱고 예쁜 게 등장했다. 조그만 가방 하나씩 들고 청량리
역으로 향하며 재잘대는 여고생 셋의 새하얀 이다.

2017. 12. 22

12월 22일(음 11월 5일) 동짓날 아침.
어른들 말씀 따르면, 음력으로 11월 10일
전에 동지 들었으니, 올해 동지는 애동지.
설에 떡국 먹듯, 동지엔 팥죽 먹는 날.
단, 애동지엔 아이에게 안 좋다고 해서,
팥죽 안 끓이고 대신 떡 해먹는 날.
베이비부머 세대에 애 많이 나으신 부모님들 말씀,
'나서 저절로 컸다' 고 했다.
세상 저절로 큰 게 어딨겠나?
먹일 거 먹이고, 안 좋다고 하는 거 안 먹여서 키우신
당신들이시여!

2017. 12. 21

겨울 들며 갑자기 시름시름. 우울증 기미마저 보이던
중랑천. 급기야 그를 위로하러 내려온 저 눈
순백의 드레스를 입혀 줬는데 이제서야 환하게
웃네! 그 아침.

2017. 12. 20

노원역 인근 자동차운전학원.
4호선 고가에서 내려다 보면 학원의 수호신같은 큰 나무 몇 그루, 학원만 지킨 게 아니었다.
잎들 모두 보내고 남은 가지 곳곳에 그가 품었던 둥지 몇 개 고스란하다
나무란?!

2017. 12. 19

여자의 적은 여자였던가!
1호선 창동역 막 도착한 전철에서 내린 60대 초반 여자, 내렸다가 후다닥 돌아서 안에다 대고 소리쳤다.
"거기 세 번째 자리 휴대폰 떨어졌나 좀 봐줘요"
같은 또래 여자가 받아쳤다.
"보긴 뭘 봐, 들어와서 제가 찾아야지" 소리, 찰나적으로 들렸다 싶었을 때, 주머니 뒤적이다 찾은 모양이다.
"아 여기…" '있다' 소리 들리기 전, 출입문 드르륵
전철 안 아까 받아치던 아줌마 혼잣말, "칠칠맞긴…"

2017. 12. 18

평펑 순백 세상 차들 살금살금 전철도 엉금엉금
누군 좋겠고 누군 마뜩찮은 존재
군대 쫄병 체력단련의 날 연인들 만날 약속 부풀며
펑펑…

2017. 12. 16

단정히 빗어 쫌맸던 머리끈 풀자, 좌르르…
어제 낮부터 잠시 쫌맸던 머리를 다시금 쐐에엥
풀어제낀 토요일 아침 날씨.
1호선 전철 옆 자리 앉아 휴대폰 바둑을 두던 50대
남자가 걸려온 전화를 받았다. 저쪽에서, 어디 가느냐고
물었나 보다. 다니는 병원에 건강검진 받으러 간다고 했다.
작년에 내시경 하면서 용종을 두 개나 뗐었는데 올해도
걱정이라고 했다. 저쪽에서 안심시키는 얘길 했나 보다.
"맞아, 하고 나야 속 시원하게 또 일 년을 사는 거지 뭐,
하하" 저녁에 모임이 있는 날인가 보다.
"끝나고 바로 갈게, 기다려." 토요일 1호선 아침.

2017. 12. 15

전철 안 꿀벌같은 휴대폰.
옆에 선 아가씨 차림새로 봐선 대학생인 듯
휴대폰에 저장된 사진들을 초스피드로 넘기고 있었다.
그러다가 멈칫, 한 사진에 집중, 확대도 해 보고
남자친구인가 보다.
그때 마침 그 얼굴이라고 생각되는 남자에게
전화가 왔다.
화상 통화다.
서로가 손을 흔든다.
보기만 해도 좋은 모양이다.
소리 죽여 애길 하며 계속 크크거린다.
남친이 전철인지, 버스인지 내려서 뛴다.
그러면서도 웃는다.
여학생이 말했다.
"뛰면서 웃지 마, 바보같아, 크크크"
꿀벌같은 휴대폰.

2017. 12. 14

기본적 예의 지키며 더불어 사는 사회.
자주 보이는 30대 초반 남자.
오늘은 이 남자 얘길 참을 수 없다.
아무리 먹어야 일을 하고 먹어야 산다지만…,
볼 때마다 꼭 그 자리에 앉아 옆 사람이나
서서 내려다 보는 눈도 아랑곳 없이,
은박지에 쌓인 김밥을 먹으며
휴대폰을 검색한다.
다 먹은 후면 미리 준비한 휴지로 '패앵' 코를 푼다.
그리곤 갈비라도 뜯은 것처럼 역시 미리 준비한
이쑤시개로 이빨을 쑤신다.
쑤시며 나온 밥알갱이라도 있으면
알뜰하게 되씹어 삼키기도 한다.
이렇게 나온 쓰레기들은
검은 봉지에 넣어서
그대로 발 밑 히터 나오는 곳에
스윽 버리는 이 남자.
기본적 예의 지키며 더불어 사는 사회에서…

2017. 12. 13

외국에서 살다 온 사람이 그랬다.
'사계절이 뚜렷한 우리나라가 살기 좋은 나라더라'
라고. 요즘 가요계에선, 싸이에 이어 방탄소년단도
한류 바람을 거세게 일으키고 있다. 그들 노래가
세계로 퍼져 나가고… 아무리 그래도 그렇지!
북극 시베리아 기단마저 떼로 몰려와서 우리나라에
머무네. 그들의 몸짓에 짱! 짱!

2017. 12. 12

전철에게 오늘 아침 느낌을 말 하라면 그러겠다.
'어라! 사람들은 맨 그 사람들이 탔는데
오늘은 왠지 좀 무겁네' 라고…
옆에 선 30대 여자가 나지막한 목소리로 통화를 하는데,
"나 오늘 올해 처음으로 내복 입었다."
저 이 말고도, 내복 입은 사람 많을 날씨.
사람들의 두꺼운 옷들과, 두꺼운 전철 유리창 성에와의
대치 상태인, 12월 12일 아침.

2017. 12. 11

부쩍 부지런해진 겨울.
올겨울 기록 경신하는 건 시간문제겠다.
중랑천 가장자리 하얗게 얼고, 지류인 성북천도 투명
맨지름으로 얼고… 철길 옆 눈밭, 참새 몇 마리
종종걸음 발이 시린 모양이다. 차라리 날지…
아참 그럼 날개를 펴야 하니 가슴이 춥겠네.
그나마 혼자가 아니라 다행,
추운 내색 않고 잘들 뛰노네.

2017. 12. 9

토요일, 달과 일의 탄력을 받아 겨울이 순조롭다.
매끄럽게 진행시키고 있다. 전혀 빈 틈을
보이지 않고 있다. 할 도리를 다하고 있다.
전철 옆 자리 앉은 아가씨가 책장을 넘기는데 요즘처럼
현란하지 않고 복고풍이다. 봉숭아물 들인 게 실금만큼
만 남았다. 크리스마스 때까지 가려나!
별걱정 다하는 아침.

2017. 12. 8

꽉 찬 전철 안, 어쩌면 적막감마저 들 때.
누군가 가늘게 코 고는 소리…
그래도 누구 한사람 거슬려하는 눈치 없고
휴대폰 삼매경. 창동에서 탄 전철은 구로행이었다.
녹천 지나 월계에 들 무렵 흐르는 안내방송.
"이 열차는 구로행이었으나 서동탄까지
연장운행합니다." 라는… 노선은 바뀌는 게 아니다,
다만 연장될 뿐이다.

2017. 12. 7

12월 초순.
'세상은 요지경' 이라는 노랠 부른 신신애 씨의
근황이 갑자기 궁금해지는 전철 안.
나이상으로 약관은 좀 넘은 것 같은 아가씨. 메고 있던
가방에서 접이식 부채를 꺼내 무속인처럼 '좌악'
펴더니, 부채질이다. 차림은, 롱 코트 패딩에 목도리도
칭칭 감았다. 신신애 씨 노래가 듣고 싶은 이런 아침.

2017. 12. 6

곳에 따라 흩뿌렸던 눈발
노원구는 안 내렸는데 동대문구엔
쌓이진 않아도 흔적 있다.
마치 아기가 울긴 하는데
눈물 한 방울만 매달아 놓고
칭얼대는 모습처럼…

2017. 12. 5

새벽녘 뉴스 기상 캐스터가 여의도역에 나가 현장의
날씨를 전했던 멘트에 과장은 없었다. 올 겨울 들어
가장 추운 날로 기록될 그런 아침.
불암산 정상 태극기가 칼바람에 휘날리긴 해도 찢어지지
않듯 한반도 전역에 덮친 한파라도 지나면 그 뿐이다.
그 옛날 한옥 방문 쇠 문고리에 닿던 손이 쩍쩍
달라붙었던 추위도 그랬었으니까!

2017. 12. 4

1, 4호선 갈아타는 창동역.
승강장에서 볼때,
1호선에서 내리는 사람들이 거센 밀물처럼
쏟아져 나오는데
"악"
"어머"
아직은 목적지에 오지 않은 60대 초반
남자가 출입문가에서 가방을 메고 서 있다가 그만,
바깥으로 밀려 넘어지고 말았다.
그 뒷사람도 연쇄적으로 넘어지고 있었는데
다행히, 밀물은 잠시 주춤. 20대 남자가
이들을 일으켜 세워주고 있었다.
먼저 넘어졌다 일어난 60대 남자가,
볼멘 소리로 한마디 하면서 안쪽으로
들어갔다.
"사람들이 말야…"

2017. 12. 2

12월 들며 첫 토요일.
역시나 자리 널널한 전철 맞은편, 수수한 차림 40대
엄마랑 고교생쯤 보이는 아들이 앉았는데 책 펴고
앉은 아들 손을, 일없이 쓸던 엄마가 가방에서
핸드크림을 꺼내 짜 골고루 발라준다.
아들은 그만 바르라며 손을 빼려는데도 엄마는
꾸역 꾸역 핸드크림을 먹인다.

2017. 12. 1

상계역 다와갈 무렵 저 앞에 멈춘 택시 뒷자리에서
내린 아가씨가 문을 닫자마자 계단을 향해 냅다 뛰기
시작했다. 잠시 후 택시 기사가 내리더니
"아가씨, 아가씨" 부르며 같이 뛰었다.
무슨 일인가 했다. 계단 중간에 선 아가씨를 향해
기사 아저씨가 장갑 한 짝을 흔들었다. "아, 감사합니다"
예순은 돼 보이시는 기사 분!
웃으며 돌아서는 치아에 햇살 반짝 빛나던 아침.

2017. 11. 30

출발 신호 대기중인 전철,
외대앞역 승강장 맨 뒷쪽.
비둘기 대 여섯 마리가 떨어진 빵 조각을
향해 쏜살같이 내려 왔는데, 저런! 쯧쯧
그 중 한 마리, 한쪽 발목이 장애다.
절뚝 절뚝 무릎걸음으로 빵 부스러기를 찾아 다닌다.
그나마 날 수 있는 날개가 성한 게
얼마나 다행인가!

2017. 11. 29

이틀 남은 11월, 12월에게 임무 교대 준비하나!
멀리 보이던 도봉산 인수봉 칼바위가 세수라도
한듯 말끔하다.
곧 12월 오면 그는, 아마도 11월보다 겨울다운 겨울을
보여주겠지. 오후부턴, 바람도 불고
기온도 내려간다고 했어.

2017. 11. 28

3216번 시내버스
맨 앞자리,
다음 정류장 다가오니 저 앞에서…
타려는 번호 버스가 오고 있나 보려는
사람들이 제비같이 고개를 뺐다.
시내버스는 기꺼이,
둥지에 서서
제비 엄마가 됐다.

2017. 11. 27

인도와 가로수 부근 움푹 팬 곳,
지난 토요일 왔었던 겨울비가 떠나지 못 하고 머물러
있는 현장을 봤다. 왜 아직 안 갔나 이내 알 수 있었다.
겨울비가 샛빨간 단풍잎 한 장과
눈이 맞은 거였다.
영하의 날씨는 이들을 돕고 있었다.
헤어지지 않도록…

2017. 11. 25

토요일인데…
이젠 등산복 차림도 없고 자전거도 실리지 않은
11월 25일. 선 사람도 없고 앉은 사람도 적은…
터덕 터덕 한가한 1호선
60대 초반 여자가 아이들처럼 휴대폰을 받았다.
"애들 다 왔니? ……다음이 청량리야,
조금만 기다려, … 금방 가"
사실은 두 역이나 남았구만…
그래도 토요일은 토요일이구나!

2017. 11. 24

온 산, 온 내, 온 들, 온 나무
온통 하얗게 새하얗게 덮어준 올 겨울 첫눈다운 첫눈,
처음 덮어주는 손인데도 손대중이 어쩜 저리도 정확해.
똑같은 양을 골고루 덮어줬어.
그 마음, 저 색깔에 있네.

2017. 11. 23

영일만 지진으로,
유사 이래 일주일 연기됐던 수능일, 그 날.
수험생들 차질없게 부지런히 실어 나르느라,
창동차량기지창 예비전철도 다 투입 됐나 보다.
평소 같으면 쉬는 전철들이 삼삼오오 붙어서 서로간
노고를 치하하던 시간이었는데…
기지창 선로가 휑하다. 훗날이라도 모이면 얘기들 하겠지!
'그 해 수능 때, 어떠했었다고…'

2017. 11. 22

절기상 소설, 눈 대신 가랑비 거의가 떠났는데
제 살던 나무 밑 아직도 떠나지 못 하는 가랑잎, 몇 잎
그래 조금 더 머무르라고 가랑비는 내리나!
무리 중 유독 정 깊은 이 있어. 회자정리 거자필반 잎아!
이 비 그치면 가.
갔다가 내년 봄 새롭게
또 와.

2017. 11. 21

당현천변 마른 수풀 위 서리 얼고
길가 패인 곳 가둬진 물 얼고
얼어도 얼어도 죄다 얼려도
포항 지진 재난지역 주민들 마음만큼
꽁꽁 얼진 못 했으리.

2017. 11. 20

차 창밖, 중랑천변
꽃이랑 단풍이랑 이제 다 쉬고 싶다기에
내가 나와 봤어'
갈대가 고갤 숙이며 말하는 것
같기에…
"아니야,
괜찮아, 참 좋아."
라고, 말해줬다.

2017. 11. 18

현관 여니
읔
흐음…
맛이 제법 들었어
11월 18일 토요일 아침
겨울맛.

2017. 11. 17

달리는 1호선,
봄부터 각 역마다 철길가에 펼쳐졌었던 꽃들의 공연.
더 이상 회기역 나팔꽃도 없다.
다만, 애쓴 그들 대표해, 한눈에도 연륜 있어뵈는 넝쿨장미 몇 송이가, 빨간 립스틱 바르고
관객들에게 마지막 인사를 하고 있다.
머지않아
공연의 막은 내려지겠다.
내년을 꿈꾸며…

2017. 11. 16

11월 중순 고개 막 넘은 16일.
영하 3도, 서울. 밖에 나오니,
아직 가지 끝 은행잎 수두룩.
이크! 코트 깃 세우고 목도리 가죽장갑, 미안해.
그래, 아직은 가지 마라. 천천히 가라.
그냥 내버려두면 뒤도 안 돌아보고 갈, 너!
가을 길게…
겨울 짧게.

2017. 11. 15

가면 와야 하고 오면 가야 하는, 철길 두 길.
전철 승강장. 저쪽은 이쪽 보고, 이쪽은 저쪽 보고…
반대편 전철 먼저 와 저쪽 사람들 실어갔다.
철 지난 바닷가, 썰물처럼…
곧 이어 밀물 들어오는 소리,
빠~앙.

2017. 11. 14

인도 따라 줄 지어 선, 가로수 그 어느 곳 지날 무렵.
매일 아침 새들이 흥에 겨워 바쁜 곳 있다.
유독 그 자리에서만… 오늘에서야 보니 바로 옆 2층,
피아노학원이 있다. 플라타나스 위, 어느 곳…
나야 곡은 모르지만, 피아노 소리 듣는
새들이 합창을 한다.
푸들 푸드득 쪽 쪽, 푸들 푸드득 쪽 쪽.
곡조 아는 새들, 나보다 낫다!

2017. 11. 13

평소보다 일찍 일어났는데도 꾸물대다 더 늦게
나오는 날 있다. 오늘같은 날…
택시를 탔다. 기사가, 미국의 유명 코미디언 '조지 칼린'
이 했던 말을 생각나게 했다.
'사람들이 자기보다 운전을 느리게 하는 사람을
멍청이라고 하고, 자기보다 빠르게 운전하는 사람은
미친놈이라고 한다.' 라고 한다더니……!

2017. 11. 11

토요일이라 모처럼 1호선 의자에 앉았다.
의자 열선이 따뜻하다.
열선에 수면 성분이 가동되기라도 하는지…
그래서 앉은 사람 거개가 가면을
취하나 보다!
띵동, 친구에게서 문자가 왔다.
'시집 한 권 못 읽고 가을이 가네그려 나이 먹을수록
여유가 있어야 하는데 왜 그런지 모르겠네' 답장을 했다.
'그나마 출퇴근 때, 자네 눈으로 가을을 읽고 자네
가슴으로 쓰고 있잖아.'

2017. 11. 10

1호선 창밖 단풍나무, 특등 최상품
올림픽 메달 수여식 때 단상에 오르는 건 잠시처럼
머지않아 저 빛깔도 호사가들 앵글 속으로만
남겠네.

2017. 11. 9

처음엔 부자지간인 줄 알았다.
초등 저학년쯤 아이가 모자 달린 점퍼를 입었다.
어깨에 뒤로 멘 가방과, 옆구리 멘 작은 가방까지
두 개를 메고 휴대폰 게임 삼매경이다.
그러면서도
애초 가방 멜 때 모자가 눌리지 않게 멨어야 했는데..,
자세가 안 나오니 게임을 하면서도 어깨를 들렁들렁.

옆에 섰던 40대 남자가
가방 끈에 접혔던 모자를 빼서 뒷 매무새를
어루만져 줬다.

아이,
(꾸벅)감사합니다.

2017. 11. 8

전철 안, 옆에 선 30대 워킹맘이 가방 속에서
진동하는 휴대폰을 꺼내 받았다.
"엄마~"
서너 살은 됐을까!
여자 아기 목소리가 흘렀다.
이쪽 소리보다 저쪽 소리가 더 또랑
또랑하다.
"응 일어났어?"
"응, 근데~, 엄마 뭐라도 먹고 나갔어?"
하는 소리 끝나기 바쁘게,
아기 엄마가 소릴 더욱 죽여 …ㅋㅋㅋ"
하더니, "그럼 밥 먹고 나왔지."
몇 마디 대화가 더 이어졌다.
"할머니랑 잘 놀고 있어~,
엄마 일 끝나고 금방 갈게."
서로,
"응",
"응."

2017. 11. 7

사달은 급한 마음에서 일어난다.
'급할 수록 돌아가라는데, 그건 아무래도 성인
군자같은 말… 전철에서 내려 서로 마음 급한,
앞서 가던 이, 뒤 바짝 따르던 이가
앞서 가던 이 운동화 뒤꿈치를 밟아 접혔는데
"어이쿠, 미안합니다" "아녜요, 괜찮습니다."
이런 아침도…

2017. 11. 6.

11월 초순이라도 겨울이라기엔 아직 이른…
하늘 아래 좋은 구름과 나쁜 구름이 대치하고 있었다.
좋은 구름이 이겼다.
그러자 하늘도 다행스런 얼굴 태 난다.
지상에선
다시
누가 누가 더 빨갛나,
누가 누가 더 노랗나.

2017. 11. 3

기어이 부슬부슬
비는 낙엽처럼, 낙엽은 비처럼
단풍나무잎과 가을비가 하릴없이 살랑거리며
누가 먼저랄 것도 없이
손을 맞잡고 단풍나무를 내려오는
양력 11월 셋째날
아침.

2017. 11. 2

가는 가을, 오늘 하늘이 서러운 아이 얼굴이다.
누가 뭐라기라도 하면 금방 눈물 뚝 뚝 흘릴 듯…
하긴 하늘도 가는 가을이 아쉬울 거야.
봄부터 봐왔던 저 나뭇잎들이, 어느덧 자라서
새 세상 가려고 채비하며서 울컥울컥하는 걸
숨기지 못하고,
저 빛깔 내고 있으니…

2017. 11. 1

요 며칠 아침 반짝 추위, 오늘은
군 졸병시절 내무검열 끝난 것처럼 없어졌네.
그게 끝나면 누가 면회올까, 언제 외박 나가나를
고참 몰래 손꼽기도 했었지.
11월 초 완숙미 절정의 늦가을 공연 보고픈
이 마음처럼…!

2017. 10. 31

시월 마지막 날 서울 곳곳에도 단풍이 장관이야!
근데, 빨갛고 노랗고 그 보석같은 색을 더더욱
살려주는 색이 있었어.
원래 함께 있었던 색이야, 아직 튀질 않아서
그렇지 마치 마라톤에서,
기록 세우려는 선수 주위에서 함께 뛰어주는
페이스 메이커처럼.

2017. 10. 30

길거리 기온 뚝뚝, 가을 허리 부러지는 소리,
꽉 찬 전철 안, 내리고 탈 때마다
사샤 샤샥, 패딩 전초병들
오랜만이라며 인사하는 소리.

2017. 10. 28

토요일이라 역시 한가로운 1호선이야.
평일하고 틀리게 사람들 얼굴도 여유로워.
근데 개중에는, 요즘 말로 금요일 밤을 불금(불타는 금요일)으로 보낸듯한, 정신이 출장 중인 사람도 있어.
자리에 앉아 있는 자세부터가 틀려.
알콜에 절은 냄새에 외로 쓸어지려다 오뚝이가 되기도 하고 모르고 옆 자리에 앉았던 사람은, 다른 빈 자리를 찾아서 가. 그래도 뭐, 저러다 깨서 잘 가겠지 뭐.
일탈 없는 삶이 어딨겠어?

2017. 10. 27

4호선 상계에서 노원 향하며 둘러본 좌우.
불암, 수락, 도봉, 북한산.
윽, 나올 때 들었던 기상캐스터의 말처럼 뿌애.
좋은 일엔 마가 낀다고!
가을 들어 저 산 출연진들에게 계절의 향연 진두지휘하느라 애쓰는 하늘과 해에게 미안한 줄 알아라.
미세먼지야!

2017. 10. 26

상계 대림아파트 정문 앞,
양복 말쑥하게 차려입은 삼십대 남자, 그의 품에 세 살쯤 남자 아이가 얼굴을 묻고 "싫어 싫어" 를 연발하고 있었다. 슬리퍼 신은 아이 엄마가 말했다.
"자 이제 그만, 아빠 회사 가야 돼" 아이 징징대는 소리 멀어져갔지만…
그 소리 귓전 머무는 아침.

2017. 10. 25

사전에 약속이 있었나 보다. 전철 그 칸, 그 출입문.
석계역에서 탄 30대 남자가 다음 역인
신이문역에서 탄 그의 친구를 문 근처에서
맞았다.
소곤 소곤 대화.
"잘 잤냐?"
"아휴, 자다 모기×× 땜에 깼어,
아니! 여름에도 없던 모기가 어디서 껴들어와 가지고…"
"크크, 그래, 요즘 희한하게 모기가 있더라"
"근데 이 모기가 집사람은 안 물고 나한테만 뎀비네.
암놈인가? 크크"

하마트면 같이 웃을뻔 했던,
그런 아침.

2017. 10. 24

상계역 나오던 길
앞서 걷던 70대 중반쯤 남자와 그의 딸인 듯.
40대 초반 딸이 들고 있던 게 찬합인가 보다.
“집에 가자 마자 냉장고에 얼른 넣어요,
틀니 빼고 있지 말고. 알았죠?”
그들은 버스 정류장 앞에 섰다.
마른 체구, 등이 약간 굽은 남자는 앞만 보고,
고개 끄덕 끄덕.
상계역 계단 오르며 떠올려본 아버지!

2017. 10. 23

1호선 철길가 이쪽도 저쪽도 울긋 불긋.
나무에 살던 식솔들 모두 축제의 한마당, 붉으락!
대부분 못내 섭섭한 얼굴.
이 즈음 중랑천 좀 보라지!
물길 가장자리는 갈대가, 천변은 억새가 꽃을 피워
그들에게 찬조하는 이런 아침.

2017. 10. 21

가을 토요일.
토요일인데 이맘 때 가을은 사람을 평소보다 많이
움직이게 한다. 굳이 가을걷이가 아닐지라도…
오늘, 4호선 전철 안도, 환승한 1호선 전철 안도,
창 바깥 차들도, 인도를 걷는 사람들도,
중랑천 물길도 빠르진 않지만 분주하다.
정중동이라고나 할까!
가을 맞이하려, 가을 안아주러…

2017. 10. 20

회기역 얼마 남지 않은 곳 철도건널목 지날 즈음,
전철은 앞 차 와의 간격 조정이라며 서행중이었다.
차 창밖, 건널목 앞에 막 도달한 아이 엄마와
어린이집 가방 멘 아이, 아이가 쭈뼛쭈뼛하는 모습
잠시 보인다 싶었는데, 아이 엄마가 먼저 건널목 관리인
에게 인사를 하자, 아이도 따라서 배꼽인사를 하는
그 아침.

2017. 10. 19

상계역 나가는 길 양복 입은 삼십대 남자,
유모차 밀며 앞서 걷고 있었다.
어린이집 데려다 주려나 보다 아이 고개가 왼쪽으로
기울어 있기에 자나 보다 했다.
잠 자는 아이 얼굴은 천사다.
천사가 보고 싶었다
보폭 빨리 하방 45도 곁눈으로 본 아이,
이크!
잠 자는 게 아니다.
두 돌 남짓인데 인생 달관 무표정이다.
나랑 눈이 마주쳤다.
그때서야,
아이가 아이처럼
배시시…

2017. 10. 18

이 얘기 소재에 간혹 등장하는 회기역 부근 나팔꽃.
아직 서리는 안 내렸지만 10월도 중순을 지난 터라
요즘 지나칠 때마다 그들의 안위가 걱정된다.
이 즈음 철길가 꽃을 본다는 게 어디 그리 쉬운가!
어디 오늘… 다행이다. 더러는 갔지만 꿋꿋하게
자리를 지키고 있는 나팔꽃 몇 무리들.
마치, 흥겨운 놀이가 끝난 후 마지막까지 남아서
궂은 일 다 마무리하는 그 어떤 사람들처럼.

2017. 10. 17

슬리퍼를 신고 집에서 입던 반바지 반팔티로 호기있게
24시 마트를 나왔던 사람이 무언가를 봉지에 담아
집으로 향하는데 혼잣말로 "어우 추워, 어우 춰" 를
반복하며 내뱉는 아침.
상계역 나가는 길. 그간 가로수에서 살다가 이제는
가야겠다며 내려 앉은, 아직은 좀, 성미 급한 잎 몇 장이
어쩌면 제 몸을 저리도 가벼이 준비했을 줄이야!

2017. 10. 16

어제 일요일 아침에 바라 본 하늘, 어쩌면 그토록
대한민국 가을, 최고의 하늘을 연출했었는지,
그 모습에 가슴마저 시릴 정도였었는데…
월요일 오늘 그 하늘 온 데 간 데 없다. 찌뿌둥하기만.
상계역에서 4호선 전철 막 올랐을 때다.
예순은 돼 보이는 남자가 자리 찾아 두리번거리는데
방금 앉았던 아가씨가 용수철에 튕기듯 일어섰다.
아가씨 얼굴에 어제 하늘이 그려져 있다.

2017. 10. 14

1호선 창동역 승강장 막 서는 순간,
전철 들어오는 빵빠레 비슷한 신호 음악.
속으로 '앗싸' 하는데 이내, 깨뜨리는 소리!
"지금 들어오는 이 열차는 우리 역을 통과하는 열차
입니다." 아니나 다를까 눈 깜짝할 새 지나가는데
얼핏 보니, '단체관광' 이란 표지가 꽂혀 있다.
아 그래, 맞다! 토요일인데다 오색 영롱찬란한 그걸,
뉘라서 가만 놔두기만 할 수 있겠어?

2017. 10. 13

1호선 광운대역 전철 맨 뒤에서 안내방송 하는 코레일, 직원들이 교대근무 하기도 하는 역, 승객들 중 그들과 가까운 곳에 있는 사람들은 내시경이나 초음파 없이도 그들의 건강을 진단한다.
"안녕하십니까?" "반갑습니다~"
"수고하십시오" "수고하세요!"
건강한 아침, 레일 위 달린다.

2017. 10. 12

지하청량리역 개찰구 앞 한 중년 여성이 교통카드를
찾는 지 당황해하는 모습.
급기야 "어머 내 휴대폰!" 하며 가방을 뒤적이고 있는데,
옆 개찰구로 빠져 나오면서 보니 한 손에 가방과
휴대폰을 동시에 들고 다른 손은 가방 안을
뒤적이고 있었다. 얘기해줬다.
"휴대폰 손에 들고 있네요."
"어머, 내 정신 좀 봐"
휴대폰 케이스에 교통카드가 꽂혀 있나 보다!

2017. 10. 11

예쁜 가을 빗기 빗방울 또록또록
우산 접으며 상계역으로 들어서는 사람,
우산에 붙은 빗방을 털려다가 뒷사람 생각으로 이크!
앞에 선 긴 머리 아가씨 찰랑찰랑 아가씨 머리
색깔이 2층이다. 1층은 레드와인색, 2층은 갈색.

2017. 10. 10

어젯밤 TV 뉴스에서 엉금엉금 기듯 서울로 올라오던
수 많은 차들, 거기서 내렸던 사람들이 여기로 모인
것 아닐까! 드는 생각처럼, 창동역사 계단에 가득
오르내리는 사람들.
긴 추석연휴 끝내고 첫 출근, 4호선에서 1호선으로
바꿔 타고 바라본 바깥 철길가. 그러고 보니 풀들은
연휴도 없었다. 변해 있었다. 아직 몇 정거장이 남아
있었지만, 외대역부터 회기, 지하청량리 구간
나팔꽃의 존재가 궁금했다. 아! 다행이다.

2017. 10. 7

추석 지난 지 며칠 길기로 소문난 이번 추석연휴는
거의가 아직도 진행 중.
그래도 출근하는 사람들은 있고…
상계역 부근 버스 정류장 버스며, 4호선 전철이
철 지난 바닷가 파도처럼 들어왔다 나간다.

2017. 10. 2

원래 공휴일이 아닌 대통령령으로 맞은 임시 공휴일,
그렇게 2017 추석연휴 시작되었고, 추석 이틀 전 월요일
창동역 승강장 다들 처음 보는 사람들.
어! 근데 딱 한 사람, '아 저 사람도 출근하는구나…
그렇다면 저 사람도 혹시 나처럼 병원에 근무하는
사람일까!'
사람은 주로,
자기 본위로 생각한다지?

2017. 9. 30

토요일 '2017 추석연휴가 시작됐구나' 하는 걸
눈길 가는 곳마다 알려주는 아침.
동부간선도로를 엉금 엉금 기듯 움직이는 자동차
그렇게라도 갈 수 있는 곳이 있어서 만날 수 있는
가족이 있어서 좋은…
1호선 전철에도 금색 보자기에 쌓여 사람들 무릎에
올려진 선물세트가 하나, 두울, 세엣…

2017. 9. 29

초가을 햇살 눈부신 1호선 창밖.
그간 한 달여 가로수 잎들에게 조심스레 다가섰던 9월.
시나브로 긴장의 연속이던 그들 정작 그들보다 더더욱
노심초사했던 이들이 있다.
1호선 철길가 제 자신 낮추고 더이상 낮출 수 없을 만큼
낮춘 후, 차 창밖 풍경의 바탕이 돼 준 이름도 모르는
풀들이다. 이들이 먼저 바탕색을 바꾸며 가로수 잎들을
안아주려 하고 있다.

2017. 9. 28

승강장부터 사람들로 가득한 1호선.
떼밀려 들어가다 앞 사람이 서서 따라섰다.
통로도 없다고 해야 할 정도, 이럴 때를,
콩나물 시루같다는 표현을 누가 했는지.
근데 이게 웬 일! 금방 자리 잡고 섰는데 앞에 앉았던
사람이 일어선다. 다음 역에서 내리는 사람이다.
좌우 둘러봤는데 어르신이나 임산부도 없다.
속으로 '오 예!' 이런 날도 있다.

2017. 9. 27

4호선 내려 1호선 환승하러 내려가는 계단.
"어이구 죄송합니다."
"아니예요."
오르던 사람과 내려가던 사람을 붙들어 세우고
얽힌 걸 풀고 인사하게 하는, 저 인연!
이어폰줄과 가방.

2017. 9. 26

1호선 창동에서 올라
광운대역(구 성북역)에 들면,
사람들로 꽉 꽉 들어찬 인천행과 달리,
반대편 승강장엔 수원 방면으로 향하려는
전철이 손님을 맞고 있는데,
금방 갖다 댄 전철은 아직 빈 자리가 많다.
인천행이나 수원행이나 어차피
도심을 통과하는 건 마찬가지다.
인천행을 타고 서서 가는 사람 중, 앉아서
가고픈 사람은 빈 자리들을 향해
반대편 승강장으로 향하는데,
서두르는 사람은 앉는 모습이 보이고,
조상 중에 이조시대 양반 유전인자라도 있는지…
품위 유지(?)를 하며 간 사람은 자리에 앉지도 못하고
그대로, 다시 서서 있는 모습을
목격하는,
이런 아침도 있다.

2017. 9. 25

출근길.
1호선 다른 사람 앉은 자리 앞을
서성인다든지,
그런 것도 없이…
굽 낮은 단화를 신고
한눈에 봐도 임신한 여자는
자리를 구걸하지 않았다.
자리에 앉은 사람들은 처음 볼 때부터
임신한 여자가 탄 사실을 모르고
눈을 감았다든가
휴대폰에 코를 박고 있었다.
별 걱정 다하는 상황은 오래 가지 않았다.

창동역에서 탄 임신부가
다음 다음역인 월계역에서 내렸다.

2017. 9. 23

차창 밖 상가 파리바게트 매장 안 조명이 두 가지다.
케이크 진열장은 카랑한 흰색이고
빵이 있는 곳은 노란 빛 은은하다.
하늘은! 우리 엄마 49제 중 초제 지내는 날.
하늘은
법복 색깔 하늘.

2017. 9. 22

엄마 삼우제 지내고 첫 출근 창동역 승강장.
구구 대는 비둘기들 소리가 곡소리처럼 들리네,
오늘따라, 계절 들어 축 늘어진 수양버들은
왜 저리 애처러운지…
방학역 출발한 1호선 전철이
창동역 입구로 들어오며 '빠앙' 경적을 울린다.
그래! 정신 차리자.

2017. 9. 16

토요일이라고 전철 맨 뒷칸에
자전거 세 대가 타고 있다.
자전거 타는 복장과 헬멧 쓰고,
예순은 넘어 보이는 남자 셋.
대화 내용으로 봐선 회기역 내려서
양평쪽으로 점프를 할 모양이다.
주로 두 사람이 타고 다녔던 코스를 무용담처럼 말한다.
듣기만 하던 한 사람은 눈을 찡긋하며
목소릴 낮추라고 검지 손가락으로
입을 갖다 대기도 했다.
말 소리가 낮아졌다.
그래도 귀에 들어오는 한 소리,
경기도 양주 다리 밑에 가면
나팔 부는 사람이 있다고 했다.
진짜 거기 가면 나팔 부는 사람이 있을까!
어느 곡을 불까?
패티김의 '9월의 노래' 도 부를 줄 알까?

2017. 9. 15

1호선 지하청량리에서 내려
바깥으로 나가려고 오르는 계단 중간쯤
70대 중반 할머니 한 분이
가방을 놓고 엉거주춤 서셨는데
두어 발 지나가던 아가씨가 몸을 돌려
가방을 들어 계단 위까지 올려 놓고
한마디 했다
"천천히 올라 오세요."

순간
문득, 옛 시조 하나가 생각났다

'이고 진 저 늙은이
짐 벗어 나를 주오
나는 젊었거늘 돌 인들 무거울까
늙기도 설워라커든 짐을 조차
지실까.'

2017. 9. 14

지구상 70%가 물, 우리 몸도 70%가 물
보는 것이든, 마시는 것이든
어딜 가나 물을 찾는 사람, 사람, 사람들…
뜨악!
늘 1호선 녹천 지나 월계 향하는 곳에서 볼 수 있는
중랑천이 어딜갔나?
평소 협소했던 두 역 리모델링 과정에서 선로가
바뀌었다. 물길이 보이던 곳에서 물길 반대편으로
십여 미터는 이동을 한 것이다
살이 쪘다. 살 찌면 안 보이는 곳 있다.

2017. 9. 13

초특급?! 아니 아니 특급?
아직 아니 그래도 1급은 줄 수 있는 가을 하늘.
그 하늘, 근처 지나던 반달이 넘어갈 생각 않고
넋 놓고 보고 있는 아침. 1호선 창밖
철길가 가을풀, 가을꽃 어루만지는 저 햇볕.

2017. 9. 12

어릴 적
엄마가 화장을 하니
눈부셨단 생각을 했었던 것처럼…
가을 하늘 아래 진노란 햇빛 유난한 아침.

상계역 나가는 길
형광복에 형광띠 멘 청소부 아저씨가
거리를 쓰는데
이것도 모르고 휴대폰 보며 담배 피우던
사람이
무심코 꽁초를 길바닥에 버리며 지나갔다
순간, 나랑 눈이 마주친 청소부 아저씨가
해바라기 웃음으로 하신 말씀,
"나도 예전에 담배 피울 때 길바닥에
담배꽁초 많이 버렸었어요,
그거 쓸고 있는 겁니다, 하하하"
"……"

2017. 9. 11

새벽녘, 설핏 깼었던 잠에서 들었었는지
꿈결에서 들었었는지…
마치, 금방 목에 단 방울소리가 신기해서 뛰어
다니는 새끼강아지같은 소리가 들리더니, 빗소리였다.
가을 다지는 비… 더이상 반팔은 안 되겠다!
쟈켓을 걸쳤다. 우산을 폈다.

2017. 9. 9

토요일
하늘은 맑아도 불청객, 미세먼지.
열 가지 다 마음에 드는 세상 어딨어.
전철문 열리자 저렇게, 전철에 자전거도 실을 수 있는 토요일. 참하게 오른 저 자전거가 내리자마자 달려나갈 수 있는 그런 날이면 되지.
안장 길이 높은 자전거, 낮은 자전거.
아빠 자전거, 아들 자전거.

2017. 9. 8

간밤
춘천에서의 고교 동창회
권커니잣커니
서면에서 아스파라거스 재배하며
마을 일꾼 자처하는 홍순재 이장,
콩나물 보다 50배 효과 있다더니
그 효능 입담으로 나오던 밤
그렇게그렇게
조금만 더
딱 한 잔만
자정 훌쩍 밤을 잊은 친구들…

새벽녘 경춘가도
자주 오는 것도 아니고
언제 또 보나
천천히 가라고 공지천 안개, 무수히 나와 배웅하네
그 안개
청평, 가평, 북한강 수계
죄다 깔아놓은 이 아침.

2017. 9. 7

상계역 나가는 길
버스 정류장,
50대 아주머니가 금방 선 버스 기사에게 물었다.
"이 차 당고개 가나요?" 기사는 도리질만 한 번 하고
서둘러 출발했다.
'길 건너 가서 타세요.' 할 마음의 여유가 없었나 보다!
사정이 있겠지… 시간에 쫓긴다든지, 뭔가가…
가을 맞을 채비도 안 했는데 무턱대고
들이닥친 가을처럼.

2017. 9. 6

전철에서 내리니 계란프라이 만들 때 맛소금 치듯,
뎧던 비, 그 짠 소금 넣어도 그만, 안 넣어도 그만 이라고
이내 그만 둔 비.
이랬다가 저랬다가 싱숭생숭 비. 사람만 그런 게 아닌가
봐! 왜 아니겠어. 계절 다지는 건데, 가을 만드는 건데…!

2017. 9. 5

후다닥
주섬주섬 하던 중, 흘려 듣다가도 일기예보는 귀에 꽂혀.
기상 캐스터가 얘기했던 대로,
역시나 비를 빚고 있는 하늘, 1호선.
외대앞역에서 회기역 지나가는 철로 주변이 온통
풀 반 나팔꽃 반이다.
베에토벤이나 모짜르트가 이런 날 악보를 쓴다면,
피아노 협주곡보다 나팔 위주의
행진곡풍일 거야.

2017. 9. 4

1호선 녹천에서 월계 지나는 곳
철길 바로 옆까지 내려와 있는 초안산 자락
지난 봄 앙징맞던 그 새순들 어디 가고 웬만한 잎들,
턱수염에 구레나룻 무성한 구 월 초순,
아마, 계절 더 깊어지면 오색빛깔 잔치할 때
출연하려고 맹연습 중인가 봐. 기대돼.

2017. 9. 2

병아리 색깔 흩뿌려진 날씨,
토요일이라고 모처럼 전철 자리에
앉았는데 좌우 먼저 앉은 사람이 텃세를 한다.
왼쪽 덩치 큰 이십 대 남자는
거의 내 어깨를 베다시피, 잠 자고.
오른쪽 여자는 자신의
왼 팔꿈치가 내 오른쪽 팔을
모스 부호 치듯 치는데,
그것도 모른 채
스마트폰 오락 삼매경이다.
하긴,
난들 전철에서
잠들었던 적 없었겠나!
언젠가 저렇게
오락도 했었는데…….

2017. 9. 1

자라 보고 놀란 가슴 솥 뚜껑 보고도 놀란다고…
어제 안개 때문에 10여 분 연착했던 전철.
또 안개가 끼었으면 어쩌나!
어제 각자 회사의 지각자 명단에
끼었을 수도 있을 인물들,
약속이나 한 듯 평소보다
10여 분 일찍 나와 있는 창동역 승강장.
회기에서 내리는 어린이집 선생님 둘,
초등학교 선생님,
미용고등학교 학생,
볼 때마다 눈 지그시 감고
뭔가 주문처럼 외는 염색 안 한 아저씨…
거참!
아침 해가 세게, 아주 세게
껄껄 웃는다.

2017. 8. 31

1호선 창동역 승강장 도심 방면,
늦어도 4~5분 간격인 전철이 꿩 궈먹은 소식으로
10여 분 흘렀을 때야 생소한 방송이 흘렀다.
'의정부를 출발한 전철이 짙은 안개로 서행 중' 이라고…
여기 저기 볼멘 소리,
누군가 "전철이 비행기야?!"
한마디에, 그래도 "크크" 대는 창동역 승강장.

2017. 8. 30

어제 하루 반짝하더니 구름은 다시 삐딱선을 탔다
새털도 아닌, 양떼도 아닌, 뭉게도 아닌, 크레믈린궁을
만들고 있다. 냅둬, 그러라지 뭐…
익숙한 거 물리고 새 거 맞는다는 게 어디 그리 쉬운가!
계절도 다 자기 색깔이 있는 건데…
1호선 지상 철길가, 넝쿨 스탠드에 빼곡히 들어 앉은
나팔꽃들 좀 봐!
가고, 새로 오는 그들 위해 카드섹션 만들어주네.

2017. 8. 29

부채나 손선풍기 더 이상 없는 상계역 승강장,
간밤, 초가을 다지기 하던 비 그치고 펼쳐진 하늘,
뭉게구름 춤 춘다. 춤사위 가만 보니 승무다.
어젯밤 비 뿌리기 전엔 삼바와 탱고였는데,
가을맞이 구름 춤 대향연 이어지고 있다.
지금 시각엔 승무를 추는 순서인가 봐!
오라! 마침 잘 나왔네.

2017. 8. 28

머지않아, 어쩌면 곧 비라도 뿌릴 것 같은 도발적
자세의 날씨, 풍경이 낯설거나 밉진 않다.
언젠가 어느 미술학원 앞을 지나다가 내놓은
이젤에서 봤었던, 누가 그렸는지 '잘 그렸다' 고
생각들던 그 그림 같은 날씨.
*등장 인물 : 구도 위로부터, 구름 낀 하늘, 중간엔,
불암 수락산 자리 잡았고 아랜, 중랑천 흐르는
모래톱에 서서 하품 하는 왜가리 두 마리.

2017. 8. 26

토요일, 쉬는 사람 더 많지만 이렇게 일하러 나가는
사람도 있고 토요일이라고 모처럼 날씨가 화장을 했다.
뭐 대충, 하늘에 묻었던 구름 닦아 내고 아주 밝은
톤으로, 분사식으로, 해만 비췄을 뿐인데…,
삼라만상이 다 환하다.
1호선 차창 밖.

2017. 8. 25

그토록 비가 오더니…
옹알옹알 아기가 자던 잠 깨고 눈 마주친 엄마에게
보내는 미소같은 아침 해.
그러다가 잠이 모자르면 공갈젖꼭지
빨고 더 자는 아기처럼, 날씨는
새눈 뜨고 잘까 말까, 깰까 말까…
간 보고 있는 아침.

2017. 8. 24

장마철도 아니면서 요며칠 계속 되는 비.
정작, 작정이라도 한 걸까. 치고 빠지기 작전의
아웃복싱 선수같다. 무수히 던지는 잽, 잽,
그러다 내키면 좌우 스트레이트, 우산은 글러브다.
가드 올리고 요리조리 피해도 굵은 매는 안 맞지만,
잔 매는 무수히 허용.
아, 주심아 어서 종 쳐라.

2017. 8. 22

때론. 출근길 전철은 패션쇼를 연상케도 한다.
올 여름부터 주욱 이어온 여자들 패션의 완성은,
발톱에 색깔 입히는 것인 듯…
멍게 얼굴 아가씨도, 단아한 삼사십대 아줌마도,
중후한 오륙십대 아주머니도, 일흔 넘음직한 할머니도…
모두 모두 '내가 좋아하는 색은 이 색이야' 하는 것처럼
오늘도, 양말 신지 않은 샌들이나 슬리퍼 위에서
반들반짝거리는 아침.

2017. 8. 21

비는 그쳤고 1호선 출입문 쪽.
주인 잃은 우산 하나
살 당시엔 잃어버리지 말아야지, 잃어버리지 말아야지
누차 되뇌었을. 젊었던 시절, 사랑 닮은 우산.

2017. 8. 19

상계역사 올라가는 곳, 간선도로와 맞닿아 있는 계단
초입 초등학교 1~2학년쯤 아이가 울먹울먹하고 있고,
시동이 걸린 오토바이를 탄 채 한 발을 인도 경계석에
걸친 아이 아버지가 아이 이름을 부르며 달래고 있었다.
"지호야 왜?, 지호야 왜?"
몇 계단 위, 아이 엄마와 한두 살 터울로 보이는 아이
형이 있었다. 아이 엄마 손엔 여행용 가방 손잡이가
쥐어져 있고……. 아이 엄마가 그랬다.
"으휴, 당신은 왜 기껏 잘 가는 애를 여기까지 따라와서
또 울리고 그래." 아이 형은 이들을 외면하고 먼 하늘
바라보며 양손 펴 두 눈을 훔치고 있었다.

2017. 8. 18

입추 말복 다 물리고 산이며 바다며 지난 여름 청춘
작렬하던 여름을 보내는 게 아쉽기라도 한 걸까?
며칠째 흐린 하늘은 오늘 아침도 좀처럼
해맑은 얼굴을 내놓지 않고 있다.
계절 바뀌면 시집 가는 딸 둔 친구의 싱숭생숭
그 얼굴처럼…….

2017. 8. 17

누군가 물만 마셔도 살이 찐다더니…
간밤 내리던 비를 후룩 후룩 마시던 중랑천이 부옇게
살이 올라 있다.
중랑천 양쪽으로 놓인 동부간선도로 월릉교 지나는데
민물 가마우지도 이들을 보러 나와 있다.
구경났네,
구경났어.

2017. 8. 16

서툰 가을 서먹서먹할까 봐 요며칠
날씨가 보조를 맞춰주네.
아침부터 따가운 볕도 자제시키고.
풀 숲엔 귀뚜라미 귀뚤귀뚤
분위기 끌어 올리는 것 좀 봐
1호선 승강장엔 그동안 방학이라 안 보이던 교복들
배실배실……

2017. 8. 14

현관 나와 올려다 본 하늘. 누군가 풍선을 불어 올렸는데
뭔가에 눌린 것 같은 구름이, 두둥실 떠 있다.
구름은 끼었어도 대기는 티없이 맑고 깨끗하다.
황사나 미세먼지가 없었던 태초에도 저랬을 것 같은…
풍선 바람이 모두 빠진 곳은 폭 넓은 치마를
만들고 있다. 한 올 한 올 극세사로 한 땀 한 땀
공들여 만드는 치마 그 너머 옥색 하늘이
어쩌다 한 번씩 입는 치마, 회색 치마.

2017. 8. 12

어제 날짜로 지난 한 달간 세들어 살던
초, 중, 말복 삼형제가 지내던
방을 빼서 나갔다.
아직 동네 어귀를 벗어나진 않은 낌새지만
그래도
동네 공기는 아침 햇살과 어우러져
말끔 찬란하다.
저 봐,
수락이며 불암, 도봉 봉우리가
마치 시리도록 푸르른 대한민국의
깊은 가을 하늘 아래 있는 것 같은 모습을
연출하고 있어.

아니,
그렇다면 필시!
복 형제가 나가기 전 미리 들어왔었던
입추가 한 일이겠구나!

2017. 8. 11

말복이라고, 이렇게 삼복 보내는 게 아쉽다고!
전매연(전국 매미 연합회)에서 총궐기라도 하는 듯
조경수 이곳 저곳
맴맴맴맴 매~앰 맴맴맴맴 매~앰
그들이 살아있어서 내는 목소리.
산 자들이기에 내는 목소리 지당한 소리.
그랬다가도 갈 때 되면 소리 소문없이 떠나는 그들.
조경수마다 더더욱 구성진 아침.

2017. 8. 10

안개비냐, 가랑비냐, 어느 편도 들어줄 수 없을…
4호선 상계 지나 노원 향하는 고가철로 위.
창밖 먼 듯 가까운 듯 보이는 수락산이
나무꾼처럼 구름 선녀를 품었다.
정상 환히 보이는데 중턱에다 가둬 놓고…

2017. 8. 9

구름에 가려진 해. 마치 가림막 치고 올라가는,
신축 중 아파트의 아직 외벽 칠하지 않은 것같은 날씨.
움직이는 곳마다 습도만 잔뜩 깔아놓았다.
그럼 어때!?
조금의 긴장감이 묻어 있으나,
그예 편안해지는 사람들 얼굴,
전철이 지날 때마다
살랑살랑 춤 추고 웃어주는 풀과 여름꽃들.

2017. 8. 8

현관 여니, 옅은 구름 속에 가려진 해가 보이고
정원수 어딘가에서 매미 소리가 들려 근데 해가
목젖이 보이도록 웃고 있어. 참 오랜만이다 싶게…
왜 그럴까 생각해 봤는데,
일주일만 사는 매미가
해에게 '하루만 더, 하루만 더' 노래를 했나 봐
참나 원.

2017. 8. 7

지난 주 내내 여름휴가 지내고 오른 상계역사 입구.
"모시떡 있어요, 금방 해온 모시떡 있어요."
모시떡 파는 아주머니도 여전하시고,
노원역에서 탄 60대 초반 아저씨는, 다음 역인 창동에서 내가 내린다는 걸 알고 내 앉은 자리 앞에 잽싸게 서는 것도 여전하시다.
누가 시킨 것도 아닌데, 이런 광경 꼬집어 스케치하는
나도 여전하고…….

2017. 7. 29

엥 웬일이지? 간밤에 비가 와서 그런가.
여름호 삼복행 열차가 쉬지 않고 달리더니
잠시 정차 중이 틈에, 여름 내내 안견의 몽유도원도를
연출하던 불암산 정상 태극기와 도봉산 칼바위도
기지개 켜는 모습이 보이네.
상계에서 노원 향하는 4호선 전철 안.

2017. 7. 28

1호선 회기역 부근
저쪽 주택가와 이쪽 철로 사이에 놓인 담.
저쪽에서 이쪽으로 넘어 온 능소화가 넘어갈 생각은
않고 만발했다. 가만히 뜯어 보면 예쁘기 그지 없는데
왠지 자제하고 있는 것처럼 보인다.
아마 저쪽 식구들 보고 싶어서 일지도 몰라!
이산가족 된 남북 부모 형제들, 생각나는 이 여름에…

2017. 7. 27

60대 초반 여,
여행용 가방 밀고 1호선 탔는데
많은 출근객들로 인해 가방 둘 곳도 마땅치 않다.
되는 대로 앉은 사람 앞 부근에 놓는다고 놨는데,
앉은 아가씨 무릎에 닿았는지 미간이 찌푸려졌다.
잡티 하나 없이 매끈한 아이돌그룹 미모급 얼굴이지만,
양보할 생각은 안 하고 인상 쓰는 모습 보니 허당이다.
마음이 고와야 진짜 여잔데…

2017. 7. 26

임계점이라도 있는 양 치닫고 있는 여름
그런 건 없으니 걱정마라는 듯 누차 얘기하고
또 얘기해주는 매미 못 알아들었을까 봐…,
걱정도 팔자다.
이번 여름휴가 어디로 가느냐고 통화하며 묻는 40대
남자 상대방이 동해안이라고 했는지,
"동해안 어디?"
"……"
1호선 전철 아침.

2017. 7. 25

한 며칠 비가 때리더니, 비 그치니 햇볕이 때리고.
여름이 날리는 좌우 스트레이트.
거기다 훅훅 찌는 지열의 훅과 더운 바람이 날리는
잽, 잽, 맷집으로 버텨야 할 여름,
이 아침.

2017. 7. 24

초, 중복 다 물리고 말복만 남기고.
징하게 울어대는 매미만큼
찜통더위에, 습도에, 게릴라식 비까지 뿌려대며
할 거 다하는 현란하고 옹골찬 여름.
감고 덜 말린 채 뛰쳐 나왔을 아가씨의 젖은 머리 끝이,
무안함에 대신 식은땀 흘리는 월요일 아침.

2017. 7. 22

창동역 승강장.
참새와 비둘기가 낮게 날다가 자취 감추고,
곧 비라도 쏟을 것 같은 하늘.
음산함 도시 감싸고 후텁지근의 바로미터 불쾌지수는
상종가 치고, 1호선 전철문 열렸다.
"어우 시원해!" 소리 저절로.
게다가, 토요일이라 자리도 있네.

2017. 7. 21

한여름 아침 옅은 회색 구름 뒤, 해와의 승부
마치, 한 세대 국보급 투수 선동열 선수가 등판 준비
하느라 불펜에서 몸 푸는 모습만 봐도
상대팀 선수들은 기죽는 것처럼!
1호선 창동역 승강장에서 보이는 철길 바깥 공터
가득 운집한 달맞이꽃들.
간밤 달구경 나온 김에 이 구경도 보겠다고,
하랑하랑 호롱호롱 신나는 관중들.

2017. 7. 20

삼복 중 그 하루 아침부터 찐다 쪄.
한 발 한 발 천천히 떼 마침내 상계역 승강장 계단
끝에 선 백발의 할머니 한 분과 40대로 보이는 딸.
깊은 숨 들이셨다 내뱉길 몇 번, 그리곤 허리춤에 손
대고 딸 보며 하신 말, 오래도록 귓전 맴돈다.
"이렇게 더운데… 아 물난리 난 사람들…,
치우느라 얼마나 애 닳아. 쯧쯔"

2017. 7. 19

먼저 타 자리 앉으려 줄 무시하고 새치기하는 사람,
일행과 대화하며 소곤소곤 않고 주위 사람 다 들리게
목소리 큰 사람, 그저 레이저 눈길 한 번 쏘곤
아예 무시하고 차라리 '내가 피하지 뭐' 라는
마음으로 섰던 자리 옮긴다든지 이어폰 꺼내 귀 닫고…
이런 출근길도 있는 아침,
하긴 그들이 뭐 알고야 그러겠어?
모르니까 그런 거지.

2017. 7. 18

장마철 잿빛 하늘 우중충 부슬 부슬 비까지 내려도
빨강, 노랑, 파랑, 총천연색 우산 들고 친구와
카톡하며, 애인과 통화하며, 예능 프로 보며…
'킥킥' 나오려는 웃음 참으려, 참으려…
그래!
세상 참 예쁜 꽃은,
사람들 웃음꽃이야.

2017. 7. 17

1호선 회기역에서 지하청량리로 향하는 곳,
철길과 주택 사이 담, 주택가에서 넘어왔을
농구공 하나가 철길 부근에 놓여 있다.
실수로 넘겼을 아이의 상심만큼 농구공도
쓸쓸해 보인다.
그래도 쓰다듬는 손길은 있다.
전철이 지나갈 때마다 수풀의 저 손길…

2017. 7. 15

국지전, 게릴라전 전쟁같은 장맛비.
치고 빠지는데 혀를 내두를 판. 번갯불에 콩 볶아먹듯,
사라진 비 언제 또 기습공격 퍼붓고 갈지…
현관 나올 때까지도 멀쩡했는데 우산 펴기 전 그예,
공습 피해 막지 못했다.
다행히 토요일이라 오가는 사람 많지 않았다
'후두둑, 쏴아'
전쟁같은 장맛비.

2017. 7. 14

가득 들어찬 전철 앉은 사람들
앞으로 이쪽 보고 한 줄,
저쪽 보고 한 줄로 선 사람들.
삐뚤빼뚤한 밭고랑 같은 줄 문득,
시골 어느 밭 껑충 컸던 옥수수대 생각나
지금쯤 옥수수 알갱이 무르크고 있겠다!
아니, 성질 급한 옥수수들은 벌써 대처로 나왔을 거야.

2017. 7. 13

어제 날짜로 초복이란 계급장 단 여름.
이등병처럼 군기 바짝 들어 폭염의 기세 늦출 줄 모르고
상계역 계단 뛰어 오르느라 콧잔등에
땀방울 송글송글 아가씨
줄지어 서 있는 사람들 뒤에 붙어 손선풍기 켠다.
요즘 부쩍 보이는 손선풍기.
그앞 중년 남자가 부치는 부채가 격세지감 느끼겠다.

2017. 7. 12

7월 12일, 농자천하지대본야에서 말하던
어정 칠월, 건들 팔월.
하긴, 음력 기준이었었으니 오늘의 윤 오월 열아흐레가
들으면 깐깐 오월 버젓이 있고 미끈 유월도
안 지났는데, 아침부터 웬 설레발이냐 하겠다.
그러거나 말거나 차창 밖, 나뭇잎이며
풀들은 이미 클 거 다 컸다.
지난 비에 몸도 깨끗이 씻더니 녹색 단복 차려입고
전철 지날 때마다 손 흔들어주는 저 잎들.

2017. 7. 11

출근 시간대 짧게는 2~3분, 늦어도 4~5분 간격으로
전철이 지나갈텐데 1호선 광운대에서 석계역 사이,
얼핏 보이는 근로자 두 명이 예초기로 철길 부근 풀을
깎고 있다.
하필, 출근 시간대, 걱정이 기우이기 이전에
안전사고에 만전 기해주기 바라는 마음.

2017. 7. 10

장마철, 장맛비도 출근시간대엔 함께 출근이라도
해야 하는 것처럼… 별나게 서두르며 아우성이다.
비가 바쁘게 뛴다.
직선으로 안 뛰고 사선으로 뛰는 것으로 알 수 있다.
저 봐, 뛰며 지나간 자리 바람도 일으킨다.
노란 우비 노란 장화, 어린이집 아이는 처음 겪는
현상인듯 엄마 손 잡고 걷다가 잠시 서서
눈 휘둥그레, 엄마랑 눈 마주치는 월요일 아침.

2017. 7. 8

상계역사 오르는 계단, 앞서 오르던 사십 대 남자
갑자기 허리 굽히더니 반 접힌 천 원짜리 한 장을
줍는다. 줍더니 그 자리를 두어 번 더 두리번거린다.
돈도 주워본 사람이 또 줍는다고 했던가!
고기도 먹어본 사람이 먹는다는 그런 말처럼!

2017. 7. 7

회기역 부근 주택가와 철길 사이 담 위,
건너편 주택가에서 올라온 능소화, 담담한 자태다.
문득 그 옛날, 기차 타고 상경하는 아들, 또는
막내 남동생 바라보듯…
여인 꽃 능소화!
탱자나무 울타리에서 눈물 감췄던 능소화,
그 모습처럼…

2017. 7. 6

4호선, 옆자리 앉은 40대 아주머니가 딸과
통화를 한다. '나올 때 선크림 꼭 바르고 나오라' 고.
창밖 그럴만도 한 날씨다.
문득, 언젠가 미국 폭스 TV가 소개했던 자외선
차단에 좋다는 음식이 떠오른다.
이왕이면 먹는 건데 싶어서
기억해 둔 토마토, 수박, 녹차, 코코아, 딸기, 블루베리,
후춧가루, 호박, 강황, 생선.

2017. 7. 5

아궁이 밀어 넣은 장작불꽃같은 칠 월 초.
가마솥 이미 달아오르는 칠 월 초.
그 뜨거웠던 200년 월드컵 4강의 칠월 초.
정도 많고 열기도 많은 대한민국 사람들…
그 열기 식히라고 저 무궁화꽃은 여름부터 피는지!
1호선 회기에서 지하청량리로 들어가는
담가에 무궁화꽃, 차분하고 수수한 나라꽃.

2017. 7. 4

상계역 나가는 길. 아파트 담과 간선도로 사잇길,
말하자면 인도, 지나가는 사람들 사이로 40대
아주머니가 탄 자전거 한 대가 브레이크
잡음과 동시에 쓰러졌다.
인도라서 빨리 달릴 수도 없었거니와 그러지도
않았었다. 다행이 담 쪽으로 쓰러지며
담에다 손을 짚었다. 그 앞엔 할머니 한 분이
어린이집 가방 멘 아이 손을 잡고 걸어가고 있었다.

2017. 7. 3

할딱할딱 타들어가던 갈증 속, 주말 휴일.
번쩍, 우르릉 쾅, 쏴아쏴아 철철철철
외벽 물통 헌걸차더니. 1호선 창밖.
누워있던 중랑천이 벌떡 일어나 웨이브를 추네.
저 정도면 송 씨네 논배미 물꼬 터지고도 남겠다.
소금쟁이야, 방게야, 논미꾸리야
너희들도 나와.

2017. 7. 1

일 하는 사람보다 쉬는 사람 더 많은 토요일.
아침해도, 떴되 토요일답고 싶은 건지 구름 뒤에서
안 나오고…
그래도 칠월 초하루, 칠월답게 아침부터 후텁지근 작렬.
그래, 칠월은 그런 거야.
그래야 청포도 송이송이 알알이 익어가지.

2017. 6. 30

도심 방면 전철, 앉아 졸다가
출입문 닫히려는 찰나,
후다닥 내리는 사람,
아예 깊게 자는 사람,
서서 자리 난 곳 있나 두리번거리는 사람,
마스크 한 사람,
휴대폰 이어폰줄 푸는 사람,
카톡하는 사람,
뉴스 보는 사람,
드라마 보는 사람,
미국 프로야구 보는 사람,
소곤소곤 통화하는 사람,
선 상태에서 한 손은 손잡이 잡고,
에어컨 빵빵해도 부채질하는 사람,
앉아 졸다 실눈 뜨더니 혼,잣말로 "어우 추워"
하고 가방에서 가디건 꺼내 무릎 덮는 사람,
기출 문제집 푸는 사람.
1호선 그 아침.

2017. 6. 29

노약자석 연세 지긋한 할아버지.
큰 소리 안 내시겠다고 손바닥으로 입 가리고
폴더폰 통화 하신다. 주말에 산소 이장 얘기다.
음력 윤 오월 초엿새 19년에 일곱 번 오는 공짜 달,
신의 노여움 크게 없다는, 귀신도 손 놓고 쉬는 달.
덤이며 복 받은 것 같은 달,
그 중 하루 아침.

2017. 6. 28

1호선 앞에 선 아가씨,
브라우스 뒷단추 하나가 풀어진 상태로 휴대폰에
눈 꽂혀 있었다. 주위 돌아봤다.
오십 대 아주머니가 반대편 창밖 보고 있다.
아주머니와 눈 마주치길 기다렸다가 손짓으로 가르켰다.
이내, 아가씰 톡톡 친 후 뒷 단추 잠가주실 때
"어머, 고맙습니다."
새벽녘 후두둑 한줄금 쏟아줬던 비, 창밖 잎들 신났다.

2017. 6. 27

4호선 40대 여자 휴대폰 귀에 대고 안절부절.
신호는 가는데 상대가 안 받는 상태,
끊었다 다시 하고, 끊었다 다시 하고 그때마다 물에
젖은 책같은 주름이 미간에 잡혔다. 통화가 됐다.
"죄송한데, 저희 집 문 좀 두드려 주세요. 애가 학교
가야하는데 일어났다가 또 잠이 든 모양이에요."
끊었다.
비로소 그나마 펴지는 미간.

2017. 06. 26

극심한 가뭄에 '소문난 잔치 먹을 거 없다'는
옛말 떠올린 어제부터 이따금 감질나게 내린 비.
현관 여니, 그래도 아파트 조경수 잎들은
기가 살아 있었다.
잘나가는 친척이라도 왔다 간 것처럼
우쭐우쭐, 으쓱으쓱.

2017. 6. 24

상계역에서 오른 4호선 토요일이라
앉은 자리보다 빈 자리가 더 많다.
출입문 쪽, 부부로 보이는 40대 남녀
아내가 남편에게 옆 자리로 이동하라고
눈짓 건네며 바닥 가리킨다.
바닥에 붙은 분홍색 시트지엔 '임산부 보호석'
이라는 글씨가 써져 있었다.

2017. 6. 23

상계역 근처 대림아파트 앞 횡단보도
마치, 바통 아닌 택시 타고 이어달리기라도 하는 양
탔던 사람 내리기 바쁘게 다른 사람 올라 타자
택시는 부웅.
화단 안 앞 다리 쭈욱, 기지개 켜며 입 찢어지게
하품하다 눈 마주치자 놀란 듯 부끄러운 듯 길고양이.
그 아침.

2017. 6. 22

1호선
지상 전철 창밖

나무야 나무야
극심한 가뭄에 씻겨주지도 못 하고
얼굴에 먼지가 부예
갈증에 목도 제대로 못 축였을 텐데
산소 뿜고 있구나

나이 많으신
엄마

아들아 아들아
애미 젖이 안 나와 잘 먹이지도
못 했는데
살아줘서 고마워,
살아줘서 고마워.

2017. 6. 21

석계역과 붙어 사는 현대자동차 성북출고센타.
옹기종기 붙어 주인 나타나기만 기다리는 새차들.
오가며 늘 보던 그들, 든자리 몰라도 난자리 안다고…
며칠 전부터 축구장 1/4 면적의 차들이 단체로 빠져
휑하다.
문득, 막내 여동생 시집 보냈던 당시 부모님 마음!
괜스런 아침.

2017. 6. 20

어제 출근길 보인 사람, 퇴근길에도 보이더니
오늘 출근길에 또 보네.
말은 나누지 않아도 보는 게 인사인 사람.
1호선 외대역에서 회기역 들어가는 철길가,
작년에 폈던 꽃, 올해도 그 자리에 또 펴 있네.
말은 나누지 않아도 마음에서
고마운 꽃.

2017. 6. 19

부침 심한 사람 있듯 땅도 그런 땅 있다.
중앙선 청량리역 인근 수십 년 전 도시에서도
규모 큰 건물이었던 건물, 대왕코너가 있다가
대형 화재로 자취를 감춘 곳.
다시 맘모스호텔이 있었다가도 사라지고, 가장
최근까지 롯데프라자가 있었는데 가림막 쳐 놓고
야금 야금 헐더니 건물은 온데간데 없이
지금은 벌판처럼 됐다.
다시 일어서리라. 부침 심했던 사람도…

2017. 6. 17

전철 창밖 산하, 가물어도 너무나 가물어. 토요일,
놀러가는 계획 세운 사람들에게 미안한 얘기지만
듣고 싶어라, 후드득
듣고 싶어라, 쏴아아
듣고 싶어라, 철철철
듣고 싶어라, 콸콸콸…

2017. 6. 16

녹천 지나 월계 가는 곳에서 보이는 중랑천.
목타는 대지에, 중랑천도 안쓰러워 얼마나 신경썼으면
저리 홀쭉해. 같이 사는 물고기들도 참 근심이겠다.
문득, 하늘에서 들입다 내리꽂히는 장쾌한 비를 그렸다.
마른 땅에 흙먼지 팍팍 치며 헌걸차게 내려가던,
그 어느 여름 그때! 중랑천을 떠올려 보는 아침.

2017. 06. 15

상계역사 입구 걸인도 걸인다워야 하나?
뭐 그런 건 아니겠지만…, 사지는 멀쩡해서 삼각김밥도
사 먹고 담배도 피우며 책상다리 하고 앉아 구걸통
지키던 걸인이 얼마 전부터 자취를 감췄다. 속이
시원하다. 자리에 떡 파는 아주머니가 등장했다.
"아침에 금방 해 가지고 온 떡입니다. 모시떡 있어요"
사람들 보일 때마다 단 한 사람이 지나가도 외친다.
오늘 아침은 외치는 소리가 없다.
봉지에 떡 담아주느라 바쁘다.

2017. 6. 14

1호선 도심 방향 녹천 지나 월계 향하는 구간 왼쪽
중랑천, 오른쪽은 초안산 자락
초여름 햇살 눈 따가와도 녹음 우거져 시원찬란한
초안산 보다 중랑천 바라보고 서게 된다.
무의식 중…
거기 물이 있다. 생명의 근원, 물
엄마 같은….

2017. 6. 13

전철 안 다른 얼굴, 다른 옷, 다른 신발
모두 다르게 하고 나오자는 약속이나 한 것처럼…
전철 안, 개성적 개개인 한데 모인 곳
공통적인 건 뭐 있을까?
잠시 궁리했다.
전철 안, 있다! 일터에 가는 거다
전철 안
비좁고 불편해도 한 가정, 한 개인 지탱해주는
출근길 그 아침.

2017. 6. 12

현관 열고 나왔을 때 봤던 파란 하늘, 옅은 흰 구름처럼,
평생 사는 날 중 주어진 오늘.
저 구름이 어제, 그제, 그 구름 아니듯 새로운 오늘.
비좁은 전철, 옆 사람이 누군가에게 카톡을 보낸다.
'오늘도 화이팅!' 이라고.

2017. 6. 10

앉을 자리 널널한 토요일 전철.
"어머나 이게 누구야" 한 육십대 초반 여자가 두어 살
많은 여자의 어깨를 두드리자 한 소리다.
두드린 여자가 물었다.
"아직도 거기 다녀요?"
"응 나야 다니지, 어머 이거 몇 년 만이야!
그때 내가 잘해주지도 못하고 미안해, 항상 미안하게
생각하고 있었어"
"아니예요, 지금 다니는 데가 조건은 더 좋아요"
전철 바깥 철길 부근, 간밤 내려온 비랑 만난 풀들 좀 봐.

2017. 6. 9

기상 캐스터 비 예보처럼 한 방울 두 방울 닫는 것도 같고 아직은 아닌 것도 같고 새들도 뭘 준비하는지 우왕좌왕 서두르고. 도시 녹지 아슴아슴 감싼 비 안개…
문득, 그 옛날 농가 초동, 비 맞기 전 얼른 지게 지고 꼴 베러 나가던 그날처럼.

2017. 6. 8

스마트폰 보는 사람 부지기수.
그래서 눈에 더 확 들어왔던 책 읽던 아가씨.
아가씨 주위, 고교생 서넛이 잡담중이었다.
한 학생이, "야, 새는 왜 날아가면서 뒤돌아보지 않을까?" 라고 질문을 던졌었다.
'제법 심오한 질문이구나' 생각하고 왜 그런 질문을 했을까! 이런 저런 생각하는데 학생들이 내렸다.
그 후 보니, 아가씨가 읽던 책 제목이
'새는 날아가면서 뒤돌아보지 않는다' 였다.

2017. 6. 7

"안내 말씀 드리겠습니다.
우리 열차는 객실이 매우 혼잡하여
냉방기를 최대로 가동하고 있습니다."
같은 멘트를 다시 한 번 했다.
귀에 거슬리는 말이 있다.
'혼잡하여' 다.
사전적 의미는,
(어떤 장소에) '여럿이 한데 뒤섞여 매우
어수선하고 떠들썩하다' 다.
말의 의미처럼 사람이 많은 건 맞지만,
매우 어수선하고 떠들썩하진 않다.
그 말 대신 그냥,
'사람이 많아서' 가 낫지 않을까
생각해보는 아침.

2017. 6. 5

6월의 아침 햇볕이, 6월 초에 맞는 적당량을 유지하며
비춰주고 있다.
1호선 전철 출입문이 열려도 딱 그만큼만, 아마도
강원도 삼척 영은사 뒷산에도 밤꽃이 필 만큼만,
방방곡곡 과수원에도 청포도가 알싸하게 익을 만큼만
비춰주고 있으리라.

2017. 6. 3

흰 구름 몇 점,
파란 하늘,
노란 햇볕 녹색 잎들
배낭 메고 여행 가방 굴리는 총천연색 사람들…
한편, 6월 초
비 그리며 타들어가는 농심 오버랩!
토요일 1호선
아침.

2017. 6. 2

간밤 집 근처 수락산 산불
새벽녘 설친 잠
여명 즈음 평소, 먼저 일어난 애완견 보채듯 하던
창밖 참새들 어디서 숨죽이고 있나
산림청 소방 헬기 잔불 정리 분주함 잦아들자
그제서야 조경수 위 까치 참새들 나오라며
깍깍.

2017. 6. 1

막연히 중간고사 볼 때가 됐는데… 됐는데
하다 맞은 것처럼, 6월이 왔다.
시험공부도 제대로 안 했는데
6월이 왔다.
아는 만큼 최선은 다해 치뤄야 할
시험처럼 6월이 왔다.

2017. 5. 31

1호선 노약자석. 일흔 정도 되신 할머니 한 분,
빈 옆 자리 한 번 보고
앞에 서서 손잡이 잡은 손녀뻘 되는 아가씨 한 번 보고
작심한 듯 자리 가리키며 앉으라고 하신다.
아가씨가 미소와 목례로 "아녜요, 괜찮아요" 했다.
"아 노인네 오면 일어나면 되지" 하시는 아침.

2017. 5. 30

도심 방면 1호선 전철 올라, 습관적 휴대폰 터치.
포털 사이트 동창 카페로 미끄러진 곳,
한 친구가 제 자랑 같기도 하고,
와이프 자랑 같기도 한 소리.
"마누라가 찻잔 두 개 사와 자랑을 한다. 다행이다.
아직도 그녀의 마음에 내가 있다는 것이"
외대앞 역 승강장,
비둘기 두 마리 동시에 날아오르는
아침.

2017. 5. 29

5월 마지막 주 월요일
6월과 만나는 이번 주
차창 밖 길가 가로수며 중랑천변이며 초안산 자락
들어찬 한들한들 녹색 파도
산소 만들고, 그늘 만들고 그렇게 그렇게
오로지 베풀기 위해 나온 그들…
도시의 천사여!

2017. 5. 27

5월 마지막 주 토요일, 어제같이 청명한 하늘
토요일이라고 예외없이 전철 맨 뒷칸에 자전거
두어 대가 실려 있다.
알루미늄 바퀴살이
창 뚫고 들어온 햇살도 그렇고,
이따금 쳐다보는 눈길에 수줍어하는
아침.

2017. 5. 26

하늘은 구름 한 점 없이 파랗고
대지는 북한산 인수봉이 손 뻗으면 닿을 듯
미세먼지도 안 보이고 음력 5월 초하루
날씨도 목욕재계했나 보다
며칠간 여름처럼 덥더니
정상적 봄 기온 1호선 반팔로 나온 아가씨
가방에서 가디건 꺼내 입는 아침.

2017. 5. 25

인연이되 그런 인연 있다.
부모자식간 인연도 아니고, 연인의 인연도 아니고,
친구간 인연도 아닌!
출근길 인연…
그냥 한 번 보고 스쳐 지나가는 인연도 아닌,
집안 삼촌 같고, 숙모 같고, 형 같고, 동생 같고,
조카들 같은…
전철 안 아침.

2017. 5. 24

가뭄 속, 간밤 알량 치사하게 내리다 만 비.
그래도 안 한 건 아니잖느냐며 볼멘 얼굴 하늘.
그 뒤에서 비집고 나온 해,
화해라도 시킬 양, 한쪽 눈 찡긋
그래그래
못 이기는 척, 찡긋.

2017. 5. 23

쉭쉭 달려야 할 4호선 전철이
노원 지나 창동 도착 전 멈춰 섰다
'앞차와 간격 조정' 이라는 안내 방송이 나온다.
문득 명절 때나 휴가철
구간 구간 옴짝달싹할 수 없이
지체와 서행 반복하던 고속도로가 떠오른다.
그러다가 그 많던 차들 다 어디로 가고, 씽씽
달리던 그 때처럼.

2017. 5. 22

육교 위, 상계역 들어가는 입구,
걸인이 막 출근했다.
한 손으론 자리를 펴고,
다른 손으론 편의점에서 파는 삼각김밥을 먹고 있다.
지난 대선 때도 유세자들에게 자리 안 내주고,
돌개바람 불고 비 퍼붓던 날도 꿋꿋이 자리 지키더니,
밥은 먹고 사는구나.

2017. 5. 20

'5월은 푸르구나 우리들은 자란다'
어린이날 노래처럼 가로수 잎들도 쑥쑥.
이런 날은 공기 좋은 교외로 나가
친구들과 체육대회라도 했으면 딱 좋은 토요일.
타고 있는 1호선 전철이 그대로 기차로 바뀌어
5월 풍성한 들로, 산으로, 강으로,
바다로 훠얼훨 달렸으면…

2017. 5. 19

출근길, 상계역 나가는 길
반대 방향에서 오며 늘 마주치는, 엄마 손에 이끌린
네 살쯤 남자 아이 어린이집 가방은 엄마가 들었는데
아이 데려다 주고 출근하는 차림
아이는 볼 때마다 잠에서 덜 깬 눈 비비며 걷는 게
다반사다. 아마도, 하루종일 못 본 아빠를 밤 늦게까지
기다리다 늦잠 자서 그러는 거겠지?

2017. 5. 18

모내기 한창이라며 농번기 알려주는 지방 사는 친구.
눈 씻고 봐도 논 밭 안 보이는 서울,
1호선 철길가 그 옛날 모내기철
써래질 마친 논, 모판 들여오고,
못줄 넘기며 부르던 후렴구 구성졌던 동네 아저씨
그 시절 추억 이젠 모든 게 가물가물
철길가 저 5월의 꽃들은 아는지 모르는지
마냥 살랑살랑…

2017. 5. 17

5월 중순 아침 해!
1호선 녹천에서 월계역 가는 방향.
중랑천 윤슬. 엄마가 막 씻기고 데려 나온
세 살 아기 볼 빛깔 같애.
회기역 지나 지하 청량리로 들어가는
철길 옆 담벼락, 빨간 장미 흰 장미
누가 누가 예쁘나.…

2017. 5. 16

상계역 나가는 길.
아파트 조경수와 마주 보는 가로수 잎들.
지난 봄 태어나 이젠 아기 태 벗고 사춘기쯤 된
걸로 보여. 늦잠 자는 잎새들 있었나,
바람이 간질간질 흔들어 깨우네.
하긴 저 땐, 까만 밤 하얗게 지새기도 하지
상계역사 오르는 계단, 분주한 발 소리
그 아침.

2017. 5. 15

스승의 날
1호선 창동역 승강장에서 올려다 본 하늘
푸르른 칠판 뭉게 뭉게 백묵 글씨
'잘 되거라, 참 되거라' 이르시던 선생님…
머물지 않는 구름처럼 떠나셨지만,
그 말씀만 가슴에 남아.

2017. 5. 13

5월 중순으로 향하는 토요일
날씨가 작전 중인 군부대 면회객 대하는
위병 근무자 같다.
비를 떨구기로 했는데, 토요일이라고 하이킹이며
등산 가는 사람도 보이고 그러니,
곧 작전 해제 명령이 떨어질 것 같기도 하고,
일순 이러지도 저러지도…
1호선 토요일 근무지로 향하는 이들,
그러거나 말거나…

2017. 5. 12

비좁은 전철 안, 이쪽 창밖 보고 선 사람과,
저쪽 창밖 보고 선 사람
두 사람은 다른 곳 바라보지만,
두 사람이 멘 가방은 서로 마주보고 인사를 한다.
살랑살랑 종알종알, 두 가방 지퍼.
둘 사이 감지한 가방 주인들.
돌아보며 목례하는 그 아침.

2017. 5. 11

아침 먹고 설거지 하고
돌아서서 또 점심 준비해야 하고
매 끼니 준비하는 사람 지청구처럼 지난 겨울,
그토록 기다렸었던 봄은 이미 중봄에 들었다.
1호선 차창 밖 녹천에서 월계 향하는 곳
초안산 자락과 붙은 철길 부근까지 내려와
때를 알리는 저 무성한 아카시아꽃.
향은 또 어떻고!

2017. 5. 10

19대 대통령 선거가 끝났다. 새 대통령이 탄생했다
1호선 창동역 승강장 화물열차가 지나간다.
시멘트를 실은 열차다.
맨 앞 기관차가 여러 회사 이름이 찍힌
화물칸을 끌고 가고 있다.
한일, 현대, 쌍용, 성신양회, 동양, 천마표…
19대 대통령 선거가 끝났다. 새 대통령이 탄생했다.
맨 앞 기관차 같은, 새 대통령 돼 주길…

2017. 5. 8

나실 제 괴로움 다 잊으시고 기르실 제 밤낮으로
애쓰는 마음. 가사만 음미해도 울컥, 어버이 날,
계셔도, 안 계셔도 마음 저미고 저려지는 날
그래도 계절의 여왕 5월에 들어서 참 다행이야
비록 카네이션 한 송이도 달아드릴 순 없지만
5월이면 기억하실 아카시아 향기
지하에 훈연하길…

2017. 5. 6

예전 초등학교 소풍 끝난 다음날 같은,
5월 6일 토요일.
천하의 불청객!
봄 괴롭히는 미세먼지, 오늘은 황사까지…
그래도 어제 어린이 날 피해서 껴들어왔네,
불한당 같으니라구…
아이고! 어여쁜, 철길가 꽃들아.

2017. 5. 4

월요일같은 목요일,
월초부터 놓여진 징검다리 공휴일,
징검다리 건너기 싫다며 쭈욱 뺀 다리로
바꾼 사람들 덕분 4호선도, 갈아 탄 1호선도 한산.
어릴 적
엄마가 해주시던 쑥버무리 생각나는
중랑천변 이팝나무꽃들아!.

2017. 5. 1

근로자의 날이라도 출근하는 사람들 있고…
1호선 전철은 매주 토요일처럼 그렇다
그렇게 그렇게 4월은 갔다.
보내고 가고 했지만
어릴 적 뒷동산에서 처음 봤던 할미꽃을
보러 가야 했는데 못 보고 지나간 것처럼…
그리운 건 멀리 있어서 더 그립다.
그리운 것들은 모두 먼 데 있는 거니까…

2017. 4. 29

5월 앞둔 4월 마지막 토요일,
평소 다르게 빈 자리 없는 1호선
등산 가방, 또는 공항에서 많이 볼 수 있는 가방들.
유독, 자전거 두 대가 눈에 띄어.
들뜬 마음 감추고 다소곳 있지만 이내 들키고 말아.
전철 창 너머 들어온 아침 햇살이
바퀴살 간지르니, 저 봐! 웃음 참지 못하잖아.

2017. 4. 28

4월 28일, 충무공 이순신 장군 탄생일.
왜적으로부터 나라를 구하기 위해 오셨던 분.
백척간두, 나라 구하려다 왜적 총탄에 가신 분.
지난 겨우내 봄 기다리던 이들에게 어김없이
찾아와 준 봄.
날씨 쌀쌀맞아도, 미세먼지 혼탁해도
1호선 철길가에 꿋꿋이 펼쳐놓은 봄.
4월 28일 아침에…

2017. 4. 26

4호선, 노원 지나 창동 향하는 고가 철로 창 바깥.
창폿물에라도 씻었나
인수봉 환하고 깎아지른 칼바위 더더욱 맨지름
중랑천은 또 어떻고!
윤슬 유난해
모처럼 미세먼지 안 보이는 화창한
봄 그 아침.

2017. 4. 25

한동안 이 꽃 저 꽃
마냥 들뜨게 할 것만 같았던 철길가 꽃들
이젠 진정할 줄도 알아야 한다고 가르치는 아침
역 입구마다
모두 제가 최고라는 대통령 입후보자, 그들…
곧 질 걸 알면서도 피는 꽃들처럼.

2017. 4. 24

창동에서 오른 지상 1호선.
녹천역 지나자 드러나는 중랑천
양 둑,
연둣빛 바다 살랑살랑 파도,
보드랍게
잔잔히잔잔히 명주바람.
어릴 적
청보리밭 사잇길에서 놀던
깨복쟁이 친구야 뭐하니?

2017. 4. 22

담벽에 어제 못 봤던
대통령 선거 입후보자 포스터
새처럼 줄지어 앉아
누구 할 것 없이 제 깃털 따스하다고
재잘재잘 재잘재잘
저 중, 참 따스한 새
봉황되리라!

2017. 4. 21

초봄 되자 파스텔톤 이었던가!
개나리, 목련, 벚꽃 연하게 기초화장술 보여주더니…
어느새 가고,
참꽃, 연산홍 새로 와 색조화장술 강연에 열중인
중봄 1호선 철길가, 전철 창밖 바라보던
스무살쯤 아가씨는 볼 터치라도 해야겠다고
핸드백에서 꺼내 샤샤샥… 방긋 웃는 해
그래! 불금 아침이구나.

2017. 4. 20

아슴아슴 흐린 하늘
개의치 말라며
1호선 지상 철길가 꽃들
칠날레팔랄레
방실방실
곧 질 걸 알면서도 저토록…
봄꽃들아.

2017. 4. 19

이크 꽃숨들 놀랐겠네
어제 봄비 오고 그친 뒤
뭐가 성에 안 찼는지, 아침 기온이 쌀쌀맞게 굴어
어쩌면 활짝 펴 한껏 미모 뽐내던 꽃들이
괜히 미안해 할 지도 모르겠어
제들 땜에 날씨가 샘을 내 그렇다는
말 들었을지도 모르잖아
그냥, 껑충한 삼나무 깻잎머리나
쓰다듬어 주고, 얼른 가라고 해야 할까 봐.

2017. 4. 17

매년 이맘 때 하얗고 노랗고 또는 연분홍으로
모두가 제 예쁘다고 앞다퉈 꽃 필 때
단풍나무도 꽃을 피운다.
어쩌면, 양심적인 꽃 활짝 펴 봐야 어른
새끼손톱 만한 꽃, 색깔도 연둣잎과 같은 색깔로 절대
튀려고 안 하는 꽃, 뭇 사람들에게 늦은 가을까지
사랑받는 자신의 잎 생각하는… 속내 알 것 같은 꽃,
단풍나무꽃, 그 꽃 살포시 내려 앉은 길.

2017. 4. 15

상계역 나가는 길 간선도로 사이에 두고 마주보고 사는
벽산아파트와 대림아파트. 오늘따라 아파트 정원수
잎들이 부쩍 실하게 다가오는… 아직까진 인적도 차들도
뜸한 토요일, 포르르 짹짹 포르르 짹짹, 돋아나 크는
잎들 반갑다고 천방지축 새들이다,
어릴 적 봄 되면 방바닥에 새 이불 깔고 꿰매시던 엄마!
그 이불 위에 대 자로 누워 뒹굴뒹굴, 그 옛날.

2017. 4. 14

금요일, 1호선 앞에 서서 카톡하던 꽃띠 아가씨
남친인 듯, 유채꽃 만발 사진 보냈네,
전철 안 꽃구름 뭉게 뭉게
주말에 꽃놀이 가자고 답장하는
꽃바람 아가씨.

2017. 4. 12

상계역 나가는 길,
벽산아파트 입구
채소 파는 아주머니,
저녁에 팔 재료 차에서 내리는데,
살 통통 오동통통 봄미나리 눈에 띄네
야들야들 줄기 씻어 초고추장에 찍어
깨물면, 아사삭!
막걸리도 한잔 쭈욱…
이크! 아침부터 왜 이래.

2017. 4. 11

현관 나오니 해 없고 그렁그렁 하늘.
상계역 가는 길 대림아파트
벚꽃나무 벚꽃 핀 것 좀 봐
엊그제 까지만 해도 밝기가
그냥 수은등 수준이더니
오늘 보니 완전 LED 주광등이네
스윽 가만 보니…
하늘이 일부러 잠시 뒤로 빠져준 게
아닌가 싶어!

2017. 4. 10

4월 중순 향한 1호선 창밖.
갓난아기 엉덩잇살 오르듯
새순 틔운 잎들, 하루가 다르게 생경하다.
무얼 먹였기에…
보이지 않는 땅 속 애초부터 보이려 하지 않았던 땅 속,
엄마, 당신 속.

2017. 4. 8

1호선 전철 창밖, 미인계 쓰듯 꽃 피우더니
저 들, 저 야산, 저 나무들이
연둣빛 혁명을 시도하고 있다. 대세다.
아무도 막을 수 없다.
머지않아 녹색으로 변모하리라!
극복할 수 없으면 즐기라 했다.
인력으로 막을 수 없는 저들…
그래, 만끽하자
더군다나 오늘은, 토요일 아닌가!

2017. 4. 7

한 이틀 걸쳐 보슬보슬 봄비 다녀가고
뽀얀 햇살 나온 날
1호선 지상 철길가 봄꽃들, '누가 누가 예쁘나'
선발대회 하는 옆,
이제사 자갈 뚫고 머리 내민 연둣빛 옹알이…
토닥토닥 달래주는 실바람, 그 아침.

2017. 4. 6

어제부터 내리던 비의 여흥이 이어지고 있다.
전철 바깥, 회색 조명 쏜 무대 같다.
배우들이 눈에 확, 튄다.
열연 중이다.

노란, 하얀, 연분홍 옷 입고…
봄날 아침에…

2017. 4. 5

여명도 안 보여주고
아슴아슴 가뭇하게 흐려 있던 하늘
왜 그러나 했더니!
나무 심는데 지장 안 주고
미세먼지 앉은 봄꽃들 씻어 내리라고…
부드럽게 닿는 식목일의 비.

2017. 4. 4

일부 구간 중랑천이랑 나란히 가는 동부간선도로,
중랑천이 온통 개나리 미소 지으니
동부간선도로는 벚꽃으로 회답하는 것 좀 봐.
녹천역 부근 지날 땐
신축 후 입주하기 시작한 두산위브아파트
곁에 서서 '구경하러 오라' 며 배시시 웃는
목련이 보이더니, 그 옆 야트막한 산 좀 보라지!
진달래가 아주 그냥, 산 아래 다 내려 와서 호객행위를
하지 뭐겠어…
이런 아침.

2017. 4. 3

1호선 지상 철길가 명주바람이 데려 왔나
구름이 내려와 앉았어
꽃구름이야 개나리꽃구름
두둥실 살짝 떠 있기도 하고 앉아서 손 흔들기도 해
노란 웃음
끊이질 않아.

2017. 4. 1

들판 무차별 공격하는
메뚜기도 이마가 있다더니…
중국발 미세먼지, 봄꽃의
단대목같은 장날 토요일이라고
꽤나 선심 쓰는 척 물러나 앉은 아침.
샤워하고 나온 해 반기는
새들, 꽃들 그리고
사람들…

2017. 3. 31

1호선 철길가
올해 개나리 탄생 후 첫 대면
봄비 수줍고 개나리도 수줍고
서로서로 조심조심
시나브로 다가가고 맞이하는
열여섯 살 개나리 그 아침.

2017. 3. 30

4호선 창동 내려 1호선 환승 복도
앞서 걷던 아가씨가 뛴다. 창밖, 선로 멀리 진입하는
1호선 머리가 보였기 때문이다.
뛰던 순간 손에서 빠진 건지, 주머니에서 흐른 건지
떨어진 휴대폰, 키 큰 아가씨는 타조처럼 뛰어
4~5미터를 나갔던 상태다.
그때 신체에 ABS 기능이라도 장착한 것처럼 급정거 하고
U턴 했던 아가씨, 돌아올 필요없이 그 자리에서…
"고맙습니다" 인사 끝나기 무섭게 다시 뛰기 시작했던
아가씨. 그 아침.

2017. 3. 29

4호선 노원에서 창동 가는 길
아침마다 눈 인사하는 날 많은 우측 창밖 멀리 인수봉.
저걸 어째!
인수봉이 미세먼지에게 포위당해 신음중이다.
하긴, 인수봉도 이쪽 걱정하고 있을 거야.

2017. 3. 28

봄, 1호선
지상 철길가.
수줍음 많이 타는 나무들,
여자 같기도 해.
아무도 안 볼 때만
슬쩍 슬쩍 옷을
갈아 입고,
민얼굴이더니
아주 아주 옅은 화장을
매일 하고 있어,
바람났나 봐.
봄바람…

2017. 3. 27

3월 끝 주 월요일.
그다지 튀진 않지만, 한낮 들불 번지 듯…
다소 수더분해 봬도 존재감 오롯한 개나리꽃들.
1호선
지상 철길가.

2017. 3. 25

해 떴되 감춰진, 흐림.
연하게 자욱
마치 손바닥에 짜 놓은 샴푸같은
얼른 머리에 칠하고 헹궈내야
뽀샤시한 상태 되는데

3월, 마지막 토요일
아침.

2017. 3. 24

작년 가을쯤 얘기했었던
1호선 창동역 철길 담 너머
양 가지 부러져
꺾여 늘어뜨린 채 사는
버드나무 한 그루

불구된 그에게
지난 겨울에도 올 봄에도 끊임없이 찾아와
위로해주는 참새떼

추운 날엔 꺾인 부분 더 추울까봐
그 자리 앉아 온기 전하더니
봄 되니 이 나무 저 나무 꽃 핀 소식
알려주느라 재잘재잘

창동역사 구조물마다 터 잡고
온갖 기득권 행사 다 하는 비둘기떼는
정작 손 놓고 있는데…

2017. 3. 23

그토록 애간장 끓이고
천 일 하고도 칠십삼일 만에 피어 오른 세월호
이날 기다리기라도 한 것처럼
막 잠에서 깬
여리디 여린 개나리.
1호선 철길가.

2017. 3. 22

환자인 듯 환자 아닌,
수액 줄인 듯 수액 줄 아닌,
4호선을 타도 1호선을 타도
어느 호선 타더라도,
십중팔구
귀에 꽂은 이어폰.
그러다 스마트폰 없으면 진짜
환자 되는,
환자인 듯 환자 아닌,
수액 줄인 듯 수액 줄 아닌…

2017. 3. 21

오늘을 거사일로 잡았었구나!
1호선 철길가,
노란 산수유 선발대가 여기저기서 기준 잡는 모습
곧 목련, 개나리는 물론, 얕은 산 아래
진달래도 동참할 거야.
이에 질새라 꽃띠 아가씨 몇, 콤팩트 꺼내 두드리고,
눈썹 그리고, 루즈 바르느라 분주한 1호선 아침.

2017. 3. 20

1호선 생면부지인 사람끼리 눈이 맞았다.
그들은 거침없이 대화를 주고 받았다.
앉은 사람이, 막 전철에 오른 아기 안은 엄마에게
손짓하며 말했다.
"이리 와요" 했다
"아니예요 조금만 가면 내려요" 라고 받았다.
그때 흐르던 두 사람 미소,
주위 가득 번지는 1호선 아침.

2017. 3. 18

3월도 하순으로 향하고,
상계 대림아파트 주차장에도
창동 전철기지창에도 쉬는 차량 많은 토요일 아침
특이한 느낌 하나! 내쳐 쉬는 건 아니다.
땅 밑에서 스멀스멀거리는데
어찌 가만히 있겠어!

2017. 3. 17

1호선 창동역 승강장 진행 방향 뒷쪽
십 여미터 떨어진 철길 담 너머에
바짝 붙어 사는 버드나무 몇 그루
어! 저들 좀 봐, 색깔을 띄기 시작했어
마치 초등학교 1학년 입학식 준비하는 운동장 같애.
머지않아 아이들 재잘재잘
들어와 서 있을…

2017. 3. 15

야멸찬 바람보다 온화한 볕이
나그네 옷을 벗긴다고 했던가!
요 며칠 따사로운 미소로 구애중이던 한낮.
마음 넉넉한 사람 여럿,
패딩 벗고 봄 점퍼로 갈아 입고 나온 4호선 승강장.

2017. 3. 14

1호선 창동역 승강장 의자
20대 중반 아가씨가 카톡에 여념 없다.
양 엄지손으로 문자 쓰는데 기막히게 현란하다.
이 모습
눈 좋은 비둘기들도 봤는지
주위에 모여들어 부리로 흉내 내보는데
턱도 없다.
전철 들어온다는 핑계로 후다닥
날아가는 아침.

2017. 3. 13

3월 중순으로 향한 아침 해가
평소보다 일찍 창을 두드리기에
그를 따라 10여 분 일찍 나왔더니
아니나 다를까 생기 찬란하고 눈부시다.
이 시간에 나가면 눈에 익은 사람이
없겠지 했는데, 한 사람 있다.
하긴,
해가 나만 일찍 불러냈겠어!

2017. 3. 11

자리에 앉아 가는 1호선 토요일
옆 아가씨 츄리닝 바지에 운동화, 모자 눌러 쓰고
몇 장 포개진 16절지를 들여다본다.
깨알 같은 글씨에 서너 가지 색 형광펜으로 강조.
얼핏 봐 공무원 시험공부
저 깨알들,
국민 지키는 밀알 되길…

2017. 3. 10

아! 저 철길…, 예전 경춘선 철길
봄내(춘천)와 성북(서울) 오가던 철길
몇 해 전부터 구 성북역은 광운대역으로 개명됐고,
1호선 전철역으로만 역할하고 있다.
눈여겨 보지 않으면 그냥, 맥없이 스치고
마는 광운대역 모퉁이, 아스라한 기억 저편 피어오르는
폐선이 오도카니 있다. 그 철길 간이역으로 놓였던,
지금은 폐역이 됐을 화랑대역, 경강역 등.

2017. 3. 9

해무리 져 있어도 바라보면 눈부신 아침.
1호선 도심 방면.
만삭은 아니지만 확연한 30대 초반 임신부가
'임산부 먼저' 라고 씌여진 자리 앞에 손잡이 잡고 섰다.
해당 자리에 앉은 배 홀쭉한 또래 여자는
스마트폰에 고정 시킨 눈 요지부동이다.
해무리 져 있어도 바라보면 눈부신 아침…

2017. 3. 8

여전한 영하의 아침,
3월 들어 마음은 두꺼운 거 하나하나 벗고 있으련만
옷은 한겨울 그대로 상계역 들어서는 사람들
이미 도착했다는 소식 알려온 복수초,
홍매화에게 괜스레 미안한
마음도.

2017. 3. 7

1호선 얼마 전 얘기했던
지하청량리에서 내리는 맹인 아저씨,
타는 데가 신이문이라는 걸 오늘 처음 알았다.
남들처럼 서서 갈 수밖에 없는 상황
"여기 좀 기대세요" 하고 40대 여자가
기댔던 자리를 안내하는데
아저씨가 만면에 미소 머금고 말했다.
"허허 괜찮습니다. 다리는 튼튼합니다, 고맙습니다"
그 아침.

2017. 3. 6

어제 일요일 남부지방 꽃 소식 들리는가 싶더니,
오늘 아침 어김없이 나타난 영하의 훼방꾼.
마치, 부모 사랑 독차지하는 세 살배기 여동생이
화사하게 웃으며 다가서는데
머리 한 대 쥐어 박고 안 그런 척 하는
바로 위 오빠처럼…

2017. 3. 4

토요일 빈 자리 많은 4호선.
“별로 안 춥다 그치?”
사십대 초반 엄마에게 여중생은 돼 보이는 딸이 묻는다.
노원과 창동 사이 교차해서 흐르는 중랑천 그 곳,
좌충우돌 천방지축 열대여섯 같은
봄!
스타성이 있다.
그는 이미 유명세를 탔다.
사람들이 그를 연호하기 시작했다.

2017. 3. 3

낼모레 경칩 앞 둔 서툰 봄
그 봄에게 오늘도
아침, 저녁으로 훈련시키는 겨울…
이걸 겪어야 꽃 핀 후 추워도
놀라지 않을 거라는 속 뜻인 양…
낮 되면 봄도 부쩍 자유시간이 길어질 거야.

2017. 3. 2

간혹 지하청량리에서
내리는 맹인 남자 한 분.
50대쯤 보이는데 맹인견 없이
지팡이 촉으로 다닌다.
양 방향 오가는 수십 수백 발길들.
지팡이 소리 나면
순간, 바닷물 양쪽으로 갈라지는 것 같은…
그 아침.

2017. 2. 28

신이문역 출입문 막 닫히려는 순간
후다닥 올라 탄 30대 초반 남자.
가쁜 숨 몰아쉰다.
점퍼 주머니에서 폰과 이어폰 꺼냈다 엉킨 줄 푼다
좌르르 풀리질 않는다.
호흡 잦아들자 그제서야 풀리는 줄.

2017. 2. 27

창동역 승강장 늘 타는 그 자리로 옮기던 즈음
들려 오는 귀에 익은 목소리
재잘재잘, 재잘재잘
단짝 어린이집 선생님 둘 같다고 생각했었는데,
아니나 다를까!
겨우내 얼었던 개울, 물 풀려 흐르는 소리처럼
지난 휴일 있었던 애기
재잘재잘
재잘재잘…

2017. 2. 25

노약자석 나란한 세 좌석 중 혼자 앉아서
통화 중이던 칠십 대 할머니 한 분,
누가 들을새라 한 손바닥 입에 대셨다.
“네가 참거라 죄는 죄대로 간다.
반드시 죗값을 겉을 거다.”
몇 번을 반복하시는
아침.

2017. 2. 24

중랑천 곁에서
나란히 달리는 동부간선도로 .
도심 방향 택시 한 대
트렁크에 살이 너무 쪘다.
제대한 아들,
군에 가기 전 입던 청바지 지퍼
안 잠기 듯!

2017. 2. 23

상계역 승강장에서 4호선 기다리던 중.
오르는 계단 끝부분에서 60대 아주머니
한 분이, 앞으로 엎어지셨다.
순간, 이 광경 본 사람들…
계단 밑에서 뛰어 올라 오고 섰던 줄에서도 뛰어 가고
너댓의 사람들이 아주머니를 일으키려 몰려 들었는데
"아휴 괜찮아요, 다 올라와서 엎어졌네"
멋쩍게 웃으시는 그 아침.

2017. 2. 22

지금 당장 내리진 않아도
우산 든 사람 어색하지 않은 하늘
이게 다 그가 살금 살금 다가오고 있다는
신호야…
시나브로
봄.

2017. 2. 21

상계역 나가며 올려다 본 하늘
파란 하늘, 옅은 하얀 구름.
하늘이 멋을 내고 있네!
청바지를 입었어,
군데 군데 물 빠진 청바지.
곧 온다는 봄에
들뜨고 있나 봐!

2017. 2. 20

어젯밤 봄 싣고 와 창문 두드리던 비
봄을 어디에 내려 놨나 했더니,
저런!
텃세 부리고 있는 겨울 좀 봐.
봄이 놀라서 살짝 얼어 있어
상계역 나가는 길
가로수 옆 살짝 파인
그 곳에…

2017. 2. 18

우수, 평양 대동강 꽁꽁 얼음도 녹인다고 했는데
어쩐 일인지 올핸 그럴 마음 전혀 없다는 우수,
아마도!
툭 하면 미사일 시험 발사나 해대고
무고한 자국민 해외까지 따라가 암살이나 해대니…
왜 아니겠어!

2017. 2. 16

옆에 선 50대 후반쯤 보이는 남자
귀에 이어폰을 꽂았는데도 듣는 음악이
가늘게 삐져나왔다.
까맣게 잊고 있었던 옛날로 데려다 주는 감미로운 몇 곡.
실비 바르땅의 할리데이, 엘 콘도 파사,
나자리노.
소음인 듯 소음 아닌.

2017. 2. 15

창동에서 오른 1호선
앉은 사람들 앞에 양팔 들어 올려
손잡이 잡고 선 20대 후반 남자, 눈 감고
서서 졸고 있었다.
그 앞에 앉았던 30대 여자, 석계역에서
일어서며 남자에게 앉으라고 권하는데 이 남자,
옆 살피더니 40대 아주머니께 자리 양보하고
계속 서서 조는 아침.

2017. 2. 14

대림아파트 담 옆 상계역 나오던 길.
종종걸음, 그 걸음 따라서 종종걸음.
가만! 종종걸음 뚝.
그렇군! 연기, 담배 연기…
앞섰던 종종걸음 후다닥, 따라서 후다닥.
다시 종종걸음, 따라서 종종걸음
상계역 나오던 길.

2017. 2. 13

월요일 도심 향하는 1호선 전철
성인 일곱 명 옆으로 앉을 수 있는 자리,
자리에 앉은 이들이 약속이나 한 듯, 고개
숙이고 가면 취하고 있다.
가늘게 코 골던 한 삼십대 남자.
제법 굵어지나 싶더니 제 스스로 그 소리에
놀라, 눈 떴다가 다시 감았다.
월요일 아침.

2017. 2. 11

음력 정월 대보름.
오늘 저녁 휘영청 큰 달 장담하니 걱정 마라는 듯,
맑고 파란 하늘, 밝은 해가 분위기 띄우는 아침.
미리부터 주위에서 이런 도움이 있었네!
세상이 그래.

2017. 2. 10

낯선 시각, 평소보다 새벽.
낯선 1호선 구로역.
짧게나마 역방향 묘미 느끼고팠던 의지는
철저히 사치가 되고 말았다.
새벽녘까지 고대구로병원 장례식장에서 마셨던
돗수 높은 물이 허락을 안 했기 때문이다.
졸다가 후다닥
내렸던 아침.

2017. 2. 9

입춘이란 전세 계약서 쓴지 닷새째,
오늘 아침도 잔금 치루라고 되게 땍땍거리는 겨울.
4호선 전철.
앞에 선 사람 점퍼 옆구리쪽 오리털도
비집고 나오려 머리 내밀었는데,
어릴 적 얼었던 발가락 끝 시린 아침.

2017. 2. 8

전세 계약서 도장 찍었으니 들어와 살기만 하면 되는데
아직 들어와 살지 않는 것처럼!
입춘 지난지 나흘째…
패딩 차림 초등생 남매.
3~4학년쯤 보이는 오빠가 앞서 걷고,
1~2학년쯤 보이는 여동생이 뒤따라
걷는 아침.

2017. 2. 3

1호선 지상 회기 지나 지하청량리로 들어가는 길
어쩌다 앞 전철이 정체돼 있다며 가다가 멈추는 경우
있다, 오늘 그렇다. 무덤덤 받아들이지만 그렇지 않은
때도 있다. 승무원이 신선하다.
"열차 출발합니다, 서신 분들은 혹시라도
넘어지지 않도록 조심해주시기 바랍니다."
입에 발리지 않은, 가슴으로 하는 방송
찌푸린 미간 펴주는 아침.

2017. 1. 10

앉은 이 보다 선 사람 많은 1호선
서면 앉고 싶고 앉으면 눕고 싶다더.니,
눕진 못 해도 고개 뒤로 젖혀 유리창에
대고 자는 사람이 있다.
고개 숙이고 가면 취하는 사람보다
피곤 깊이가 제법 깊을 사람.

2017. 1. 9

현관문 열고 나설 때 채
가시지 않았던 어둠을,
도심 향해 한 역 한 역
진입하는 1호선이,
수묵화 그려진 주름진 부챗살 접듯,
한 겹 한 겹 접어 나가고 있는
월요일 아침.

2017. 1. 7

창동에서 오른 1호선.
토요일답게 한가한 도심 방면.
맞은 편, 30대 초반쯤 보이는 동남아시아
여성 두 명 한 명이 통화를 하는데,
전화 상대자가 아이 같기도 하고,
그녀의 엄마 같기도 하고…
옆에 앉은 여자가 손수건 꺼내
통화하는 여자의 눈 밑에 대주는 아침.

2017. 1. 6

미세먼지 한 점 없고 인수봉이며 백운대도
또렷하게 보인다.
가까운 아파트 꼭대기 피뢰침의
새발톱같은 부분의 선명함은 말할 나위도 아니다.
짹짹, 구구구구, 때까때까때까
참새, 비둘기, 때까치들도 모처럼
불협화음 없는 창동역 승강장.

2017. 1. 5

절기상 소한.
애개!
'대한이 소한 집에 놀러갔다가
얼어죽는다' 는 옛말, 어울리지 않는 날씨.
그렇다고 얕보면 안 돼.
겨울의 주축이야, 그간 업적도 있잖아.

2017. 1. 4

창동에서 오른 1호선
50대 후반 일행 두 여자
두런두런 대화 중 석계에서 오른 한 남자
두 여자 중 한 여자와 같은 직장인 모양이다.
주고받는 회사 얘기를,
가운데 선 여자가, 탁구 심판처럼
바라보는 아침.

2017. 1. 3

상계역 인근 주택가 일방통행 길
편의점에서 나와 길 건너려던 초등학생 쯤
아이와 서행하던 자가용 기사 서로 잠시
눈 맞추는가 싶더니 먼저 지나가라고
눈짓 똑같이 했다.
아이가 졌다.
고개 꾸벅 건너는 아이에게 손 들어주는 자가용 기사.

2017. 1. 2

2017, 정유년 첫 출근
천지간 짙은 회색 난무중인 날씨
안개비라도 내렸던 걸까!
보습제 바른 듯, 길바닥은 채 스며들지 않았다.
4호선 노원에서 창동 가는 고가 위,
밑으로 보이는 중랑천변 동부간선도로 개미떼처럼
이동하는 자동차들의 일제히 켜진 전조등이
새해 첫 출근 밝히는 아침.